DIE KUNST DER PSYCHOLOGIE

Wie Sie Menschen lesen, ihre Psyche analysieren und mit dem 1x1 der suggestiven Manipulation Menschen für sich gewinnen - Für Anfänger und Fortgeschrittene

[1st Edition]

MARTIN VON OLDENBURG

ISBN: 9798632247641

INHALT

EINE EINLEITUNG IN DIE PSYCHOLOGIE

Was ist Psychologie?

Die Psychologie ist eine äußerst komplexe, tiefgreifende Wissenschaft. Sie ist schwer zuzuordnen und lässt sich unterschiedlich auslegen, aus diesem Grund gehört sie allgemein zu den Geisteswissenschaften, den Sozialwissenschaften und darüber hinaus auch zu den Naturwissenschaften. Je nach Fokus des Betrachters kann die Psychologie stärker oder weniger stark in eine dieser Gruppen eingefügt werden.

Personen, die sich mit der Naturwissenschaft beschäftigen, erkunden dabei die Natur. Mögliche Themengebiete sind deshalb zum Beispiel Biologie, die Geologie, die Agrarwissenschaften oder aber auch Physik, sowie Chemie. Naturwissenschaftler gehen systematisch vor. Sie gebrauchen Werkzeuge, um die einzelnen Funde und Entdeckungen auszumessen, zu wiegen oder zu beobachten. Mit Hilfe dieser Werkzeuge, sowie eingehender Analysen und Beobachtungen stellen arbeiten die Naturwissenschaftler Muster und Methoden heraus, mit deren Hilfe sie die unterschiedlichsten Prozesse erklären, einordnen und voraussehen können. Dies ist auch in der Psychologie eines der Anliegen der Wissenschaftler. Denn es geht unter anderem darum, menschliches Denken und Verhalten zu analysieren, zu beobachten und anschließend Erklärungen und Gemeinsamkeiten zu finden. Mit Hilfe dieser Strategien sollen Lösungen für psychische Probleme betroffener Personen gefunden werden. Außerdem helfen die Techniken dabei, ein mögliches Verhalten bestimmter Personen vorauszusehen.

Die Humanwissenschaften befassen sich mit allen Themen, die den Menschen als Zentrum ihrer Untersuchungen haben. Hierzu gehören zum Beispiel die Humanmedizin, die Sozialwissenschaften oder die Geisteswissenschaften.

Zu den Sozialwissenschaften gehören unter anderem die Kindheitsforschung, die Pädagogik, die Soziologie, die Wirtschaftswissenschaften, die Rechtswissenschaften und die Politikwissenschaften. Es wird untersucht, wie die verschiedenen Institutionen und die einzelnen Individuen in den Gesellschaften miteinander verflochten sind. Hierzu werden Statistik und Empirik verwendet, deren einzelne Methoden und Modelle in einem Studium erlernt werden. Die Sozialwissenschaften dienen dazu, das Verhalten der Menschen und ganzer sozialer Gebilde zu analysieren, zu verstehen und bestimmte Verhaltensmuster oder Regeln herauszuarbeiten.

Unter den Geisteswissenschaften werden heute rund 40 verschiedene Wissenschaftsbereiche zusammengefasst. Dies sind unter anderem Wissenschaften, die sich mit historischen, kulturellen, geistigen oder soziologischen Themen befassen.

Die einzelnen Wissenschaften sind insgesamt schwer einzuordnen, denn die einzelnen Themenbereiche überlappen sich häufig, gehen ineinander über oder tauchen an mehreren Stellen auf. Auch die Psychologie kann deshalb nicht einer einzelnen Wissenschaft zugeordnet werden. Es kann jedoch darauf hingewiesen werden, dass sie sich in einzelne Wissenschaften einbettet, je nachdem, worauf das Augenmerk gelegt wird.

Der Begriff „Psychologie“ stammt aus dem Altgriechischen und bedeutet wörtlich übersetzt „Die Lehre der Seele“. Psyche kann unter anderem mit Geist, Atem, Seele, Leben, Gemüt oder Lebenskraft übersetzt werden. Logía beschreibt die Wissenschaft oder die Lehre über etwas. Aus diesen beiden Begriffen entstammt das Wort Psychologie.

Die Psychologie an sich wird von den Wissenschaftlern in unterschiedliche Bereiche unterteilt. Hierzu gehören die Neurowissenschaft, die Kognitionswissenschaft und die Verhaltenswissenschaft. Darüber hinaus betonen die Wissenschaftler, dass sich nicht alle psychologischen Bestandteile auf der Empirik der Naturwissenschaften beweisen und erklären lassen. Aus diesem Grund wird der geisteswissenschaftlichen Psychologie ebenso eine wichtige Rolle zuteil.

Psychologen sind Menschen, die sich in ihrem Arbeitsumfeld dadurch auszeichnen, dass sie ihr Wissen im Bereich der Psychologie anwenden. Hierzu gehört beispielsweise, die Erlebensweise und das Verhalten von verschiedenen Menschen analysieren und erklären zu können, um auf den Beobachtungen eine Vorhersage über zukünftige Verhaltensweisen der Person ausarbeiten zu können. In Deutschland ist für den Erhalt dieser Berufsbezeichnung unter allen Umständen ein Hochschulstudium notwendig. Dieses nimmt mehrere Jahre in Anspruch, denn die Inhalte, die dort vermittelt werden, sind komplex. Es handelt sich um ein wissenschaftliches Studium, bei welchem auf die Arbeiten und Werke vergangener Philosophen, Psychologen und Wissenschaftler eingegangen wird. Darüber hinaus erlernen die Studenten verschiedene Techniken, sowie den Umgang mit Statistiken. Um als Psychotherapeut arbeiten zu können, benötigt man eine auf das Studium aufbauende, mehrjährige Ausbildung zum Psychotherapeuten. Mit dem Abschluss des Psychologen kann man vor allem im Bereich der Marktforschung, sowie des Personalmanagements oder in der Bildungsberatung arbeiten. Darüber hinaus kann man im

Bereich der Wissenschaft an Universitäten tätig werden oder eine Stelle in einer sozialen Einrichtung, beim Jugendamt oder bei Beratungsstellen annehmen. Selbst bei der Polizei werden Psychologen benötigt. Das Studium öffnet somit die Möglichkeiten, in einen breit gefächerten Arbeitsmarkt einzusteigen.

Psychologie im Wandel der Zeit

Bereits rund 350 Jahre vor Christus schrieb der griechische Philosoph Aristoteles sein Lehrbuch, in welchem er sich mit der Seele befasste. Auch Platon erstellte ein Schichtenmodell der Seele, welches später die Grundlage für das Strukturmodell von Freud werden sollte. Der Mensch befasst sich somit bereits seit vielen Jahrhunderten mit der Psyche. Im Mittelalter setzten sich die Gedankengänge fort, hinzu kamen ganz neue Ideen, die den Grundstein für die moderne Psychologie legten.

Der persische Arzt, Dichter, Philosoph und Naturwissenschaftler Avicenna untersuchte um das Jahr 1000 n. Chr., wie die kognitiven Prozesse im Menschen, zu denen unter anderem auch das Gedächtnis, sowie die Vorstellungskraft gehören. Er arbeitete verschiedene psychische Krankheiten heraus und befasste sich ausgiebig mit ihnen. Weitere wichtige, historische Persönlichkeiten beschäftigten sich im Laufe ihres Lebens mit der Seele des Menschen. Der Spanier Juan Huarte de San Juan war seiner Zeit in einigen Bereichen weit voraus, denn er gebrauchte schon 1575 einige Gedanken und Ideen, die viele Jahre später in der modernen Psychologie wieder aufgegriffen wurden. Lessing übersetzte das Werk aus dem Spanischen und gab ihm den Titel „Prüfung der Köpfe zu den Wissenschaften". Das geschah jedoch erst rund zweihundert Jahre später, im Jahr 1752. Durch Lessings Übersetzung erlangten die Ideen und Gedanken des Spaniers Huarte de San Juan in Deutschland einen hohen Bekanntheitsgrad.

Der deutsche Philosoph Johann Thomas Freigius beschäftigte sich Zeit seines Lebens mit Aristoteles. Er war Professor an der Universität in Freiburg und geriet auf Grund seiner Auffassung und seiner Gedanken mehrmals in Konflikte mit der Kirche. Freigius war derjenige, der nachweislich zum ersten Mal das Wort *psychologia* gebrauchte, nämlich in seinem Werk über die Fragen der Logik und Ethik, welches 1574 in Basel gedruckt wurde. Sicher kannte er auch die Niederschriften von Gregor Reisch, welcher in Freiburg im Jahre 1503 sein Werk Die Perle der Philosophie drucken lies. Es handelt sich hierbei um die älteste Enzyklopädie, die im deutschen Raum gedruckt wurde.

Die Fragen zu Themen der Psychologie nahmen weiter zu, sodass sich im Laufe der Jahre in den verschiedenen Ländern der Welt die unterschiedlichsten Gedankengänge und Modelle entwickelten. Diese waren häufig ineinander verwoben, denn die Naturwissenschaftler und Philosophen, die sich mit diesen Themen beschäftigten, griffen Ideen ihrer Mitmenschen auf, vereinten unterschiedliche Strömungen und entwickelten diese in ihre individuelle Richtung weiter.

Mit dem Zeitalter der Aufklärung, welches von etwa 1650 bis 1800 stattfand, nahmen die Gedanken und Äußerungen rund um das Vorgehen im Inneren des Menschen zu. Kirchliche Vorstellungen und Gebote wurden hinterfragt, Denker wie Kant und Leibniz forderten die Menschen dazu auf, Vernunft in ihren Alltag zu integrieren und von Vorurteilen und aufgebürdeten Gedankenmustern Abstand zu nehmen.

In diesem Zeitraum beschäftigten sich die Philosophen und Naturwissenschaftler verstärkt mit der Psychologie, erstmals wurden Begriffe wie „rationale Psychologie“ und „empirische Psychologie“ verwendet. Auffällig ist, dass besonders die Schriftsteller und Philosophen des 19. Jahrhunderts, darunter Nietzsche und Dostojewski, ihrer Zeit weit voraus waren und bereits wichtige Erkenntnisse hatten, die sehr viel später in der modernen Psychologie auftauchen sollten.

Die Psychologie blieb lange Zeit ein Gebiet der Denker und Dichter. Schriftsteller und Philosophen beschäftigten sich mit ihr, doch sie stützten sich dabei eher auf Gedanken und Ideen, als auf Statistiken und Wissenschaft.

Erst im Laufe des 19. Jahrhunderts wird Psychologie auch als Naturwissenschaft betrachtet. Seitdem wird sie auch an unterschiedlichen Universitäten gelehrt, wobei Wilhelm Wundt im Jahr 1879 an der Universität in Leipzig das erste Labor gründete, welches sich mit der Erforschung psychologischer Gedanken und Phänomene beschäftigte. In Deutschland begann der Vormarsch des Faches Psychologie, welches von dort aus ausgebreitet und auch an anderen Universitäten Europas unterrichtet wurde. Frankreich, England und später auch Nordamerika gehörten zu den Ländern, in welchen das Studium der Psychologie und somit des Verhaltens des Menschen, besonders stark vorangetrieben wurde. Unter dem Grundgedanken der Naturwissenschaften wurden die Mathematik und die Physik immer stärker eingebunden. Darüber hinaus wurden statistische Methoden entwickelt, nach denen das Verhalten der Menschen analysiert werden konnte. Daraus konnten Verhaltensmuster gewonnen werden, mit deren Hilfe das zukünftige Verhalten der Menschen vorausgesehen werden kann.

Nachdem die Psychologie im 18. Jahrhundert einen großen Wandel erfuhr, kristallisierten sich im 19. Jahrhundert verschiedene Richtungen und Strömungen heraus.

Behaviorismus

Diese Strömung geht davon aus, dass die Verhaltensmuster der Menschen beinahe ausschließlich erlernt seien. Daraus ergibt sich ebenso die

Schlussfolgerung, dass sie auch wieder verlernt werden können. Im Vordergrund der Forschungen steht das Verhalten der Personen, dabei wird jedoch nicht darauf geachtet, welche Emotionen, Gedanken und Motivation hinter bestimmten Verhaltensweisen stehen. Der Behaviorismus geht davon aus, dass der Mensch als einzelner von den Eindrücken und Einwirkungen seines Umfelds gelenkt wird.

Psychodynamische Sichtweise

Diese Herangehensweise an die Psychologie fand im Laufe der Jahre viele Anhänger, aus deren Gedanken und Ideen sich innerhalb dieser Sichtweise mehrere Strömungen formten. Eine weit bekannte Persönlichkeit in diesem Zusammenhang ist Siegmund Freud, welcher für die Entwicklung der Psychoanalyse zuständig war. Diese wurde später von anderen Psychologen erweitert und weiter entwickelt. Dabei gehört die Psychoanalyse aus wissenschaftlicher Sicht jedoch nicht zur Psychologie. Es handelt sich eher um ein komplexes Modell mit Ursprüngen in der Philosophie, der Neurologie, der Psychiatrie und der Metaphysik. Sie war jedoch der Grundstein für die Analytische Psychologie, die sich aus ihr entwickelte.

Im Laufe des 20. Jahrhunderts erfuhr die Psychologie unter dem Nationalsozialismus einen tiefen Einschnitt, denn Hitler nutzte verschiedene, psychologische Mittel, um das Verhalten und die Gedankengänge der deutschen Bevölkerung in eine bestimmte Richtung zu lenken.

Ab der zweiten Hälfte des 20. Jahrhunderts veränderte sich die Psychologie stetig weiter. Es kamen neue wissenschaftliche Methoden hinzu, welche die Psychologie vom Behaviorismus weglenkten, hin zu der Auffassung, dass das Verhalten des Menschen durchaus auch von seinen ganz persönlichen Gedanken beeinflusst wird.

Heute existieren ganz unterschiedliche Ansätze nebeneinander, die sich gegenseitig nicht einschränken oder in Frage stellen. Das bietet zwar eine unheimliche Vielseitigkeit und einen großen Reichtum an Gedankengut, bedeutet jedoch auch, dass die Psychologie zu einem sehr weitreichenden, komplexen Themengebiet wird. Auch während des Studiums kommt es deshalb ganz darauf an, welche Richtung die Studierenden einschlagen möchten. Darüber unterscheidet unter anderen, welchen kulturellen, religiösen und persönlichen Hintergrund sie haben.

PSYCHISCHE GESUNDHEIT UND KRANKHEIT

Welche psychischen Krankheiten kommen in Deutschland am häufigsten vor?

Die meisten Menschen machen sich im Alltag kaum Gedanken über psychologische Fragen. Stress und die Bearbeitung verschiedenster Aufgaben geben uns gar nicht genug Zeit, um uns täglich mit unserer psychischen Gesundheit zu beschäftigen. Wir kommen zur Welt, werden von unseren Eltern großgezogen und kommen dann in das System, das sich Gesellschaft nennt. Schule, Ausbildung, Arbeit, dann bilden wir unsere eigene Familie und hinzu kommen die Gedanken rund um unsere Existenzsicherung. Hauskauf oder Mietwohnung, was soll es in der nächsten Woche zu essen geben und haben die Kinder die Hausaufgaben gemacht? Dies sind einige der Fragen, die sich tagtäglich mit den eigenen Sorgen um den Arbeitsplatz vermischen. Bei all den Aufgaben und Ängsten funktionieren wir einfach. Solange, bis wir eines Tages nicht mehr funktionieren.

Die meisten Menschen gönnen sich nicht einmal eine Auszeit, wenn sie eine körperlich sichtbare Erkrankung haben. Dann wird mit einem gebrochenen Knöchel zur Arbeit gehumpelt und die Einkäufe werden trotz starker Erkältung gemacht. Schließlich müssen alle Familienmitglieder versorgt werden.

Doch jeder vierte Mensch kommt innerhalb seines Lebens mindestens einmal an den Punkt, an welchem er unter einer psychischen Erkrankung leidet. Darüber wird meist nicht gesprochen, denn psychische Krankheiten gelten in der Gesellschaft weiterhin als Tabu-Thema. Das ist erschreckend, schließlich befinden wir uns in einem Zeitalter der Aufklärung und Toleranz. Für die betroffenen Personen wird die Erkrankung oft dadurch verschlimmert, dass sie Angst vor den Reaktionen ihrer Mitmenschen und Vorgesetzten haben. Wer an Angststörungen oder Depressionen leidet, der macht sich nicht nur Gedanken über sein eigenes Leid und seine Ängste. Er wird auch häufig mit Unverständnis seitens seiner Mitmenschen konfrontiert.

Dabei sind psychische Erkrankungen keineswegs eine Seltenheit. Wie bereits erwähnt, leiden 25 Prozent der Menschen mindestens einmal in ihrem Leben unter einem Zustand, der als psychische Erkrankung einzuordnen ist. Hierzu gehören unter anderem Störungen, die durch Medikamenten- oder Alkoholkonsum herbeigeführt werden. Auch Angststörungen und Depressionen treten auffällig häufig auf.

Angststörungen

Keiner von uns ist vollkommen frei von Ängsten. Jeder von uns stand schon einmal vor einer Situation, die ein schwerwiegendes Problem bedeutet und machte sich dann Gedanken darüber, wie er dies lösen könnte. Es gibt Ängste, welche viele Menschen teilen und die zum Teil aus unseren Urinstinkten stammen. Wir bewegen uns zum Beispiel nicht gerne in der Dunkelheit, weil wir dann kaum etwas sehen können und nicht wissen, wohin wir gehen und ob wir womöglich im nächsten Moment mit einem Hindernis zusammenstoßen könnten.

Doch neben den allgemeinen Ängsten entwickelt jeder Mensch im Laufe seines Lebens ganz persönliche Eigenheiten. Viele Menschen empfinden es als angsteinflößend, einen Abend mit fremden Menschen verbringen zu müssen. Andere haben Angst vor Spinnen, Schlangen oder Nachtfaltern. Doch bei manchen Personen entwickeln sich daraus Angststörungen. Diese bedeuten eine Einschränkung für den Alltag und können auf einem konkreten Gegenstand oder Tier beruhen, ebenso wie auf einer etwas abstrakteren Lebenssituation. Einige Personen verfallen in Panik, wenn sie sich alleine in einem Raum befinden oder haben insgesamt Angst vor der Einsamkeit. Andere bekommen in einem Fahrstuhl Platzangst und müssen deshalb die Treppen benutzen, selbst wenn sich ihr Ziel im 12. Stockwerk eines Gebäudes befindet. Einige Ängste werden von den Mitmenschen als logisch angesehen und deshalb gut aufgenommen. Es ist beispielsweise für jeden leicht verständlich, wenn eine Person, die in einer bestimmten Situation oder von einem bestimmten Menschen misshandelt wurde, im Laufe ihres Lebens eine große Angst vor eben dieser Situation oder Person entwickelt. Andere Ängste können von den Mitmenschen jedoch weniger gut nachvollzogen werden. Hat eine Person Panik sich zu verschlucken und nimmt deshalb nur noch pürierte Speisen zu sich, dann kann das im sozialen Umfeld auf Unverständnis treffen.

Bipolare Erkrankung

Wenn eine Person häufige Stimmungsschwankungen hat und dabei innerhalb kurzer Zeit von glücklich zu traurig oder wütend wechselt, so wird im Volksmund oft gesagt, diese Person sei bipolar. Aus medizinischer Sicht ist dann von einer bipolaren Erkrankung die Rede, wenn ein Mensch in verschiedenen Intervallen lebt. Ein Intervall beschreibt den normalen Zustand. Die Person ist ansprechbar, nimmt die Realität wahrheitsgetreu wahr und lebt einen geregelten Alltag. Dieser Zustand wird durch ein Intervall der Manie abgelöst. In dieser Zeit fühlt sich die Person besonders energiegeladen. Sie braucht nur sehr wenig Schlaf, fühlt sich trotzdem stets ausgeschlafen und ist rastlos. Die Gedanken scheinen in ihrem Kopf zu wirbeln, in Diskussionen ist sie ihren Mitmenschen zehn Schritte voraus. Einige Menschen sind in dieser Phase besonders glücklich. Auch ihr Gehirn funktioniert anders. Geräusche scheinen deutlicher, Farben sind klarer und Düfte tränken die Luft. Das Gehirn einer manischen Person scheint nie still zu stehen. Diese Menschen haben die glänzendsten Ideen, neigen dabei jedoch oft zum Größenwahnsinn und reagieren darüber hinaus sehr schnell gereizt. Dies ist mit einer Glühbirne zu vergleichen, die unter einem zu hohen Stromeinschuss überaus hell leuchtet.

Im Anschluss daran brennt die Glühbirne jedoch durch. Die Person verfällt in eine Depression. Manische Personen agieren übertrieben. Sie achten nicht auf ihre finanziellen Möglichkeiten, sind im Umgang mit ihren Mitmenschen schwer einzuschätzen und zerstören durch ihr unbedachtes, unvorsichtiges Verhalten und ihre verzerrte Wahrnehmung oft viele Beziehungen.

In der depressiven Phase werden sie sich der Zerstörung bewusst. Sie können nicht glauben, was sie mit ihrem Verhalten verursacht haben und stehen oft vor Schulden, gescheiterten Beziehungen und anderen Katastrophen. Während der depressiven Phase sind Menschen mit einer bipolaren Erkrankung besonders Suizidgefährdet.

Kämpfen sie sich mit Hilfe einer Therapie und einer medikamentösen Behandlung aus der Depression heraus, so können sie mit einem optimalen Zusammenhalt ihres sozialen Umfelds und großer Unterstützung häufig einen längeren Zeitraum im normalen Zustand leben. Früher oder später setzen jedoch erneute manische und depressive Phasen ein, die meist nicht durch große Einflüsse von außen verursacht werden.

Depression

Beinahe jeder Mensch macht in seinem Leben Phasen durch, in welchen er mit Problemen zu kämpfen hat. Es gibt Menschen, die mit diesen Problemen besser zurecht kommen als andere. Sie sind weniger empfänglich für die einzelnen Emotionen, die durch besagte Probleme ausgelöst werden. Doch für viele Personen ist das nicht einfach. Es kommt dabei nicht einmal unbedingt auf die objektive Größe des Hindernisses an. Viel entscheidender ist, wie das Gehirn der betroffenen Person auf diese Probleme und die dadurch ausgelösten Emotionen reagiert und diese verarbeiten kann.

Es handelt sich um einen chemischen Prozess, auf den auch die Wahrnehmung der Person einen großen Einfluss hat. Eine Depression ist nicht immer einfach zu diagnostizieren. Auch wenn sie insgesamt von einer gedrückten Stimmung und Lustlosigkeit begleitet wird, können die einzelnen Symptome stark variieren. Einige Menschen verlieren ihren Antrieb, sie haben keinen Hunger mehr, können morgens keinen Sinn darin erkennen, aufzustehen und vernachlässigen ihre sozialen Kontakte. Bei anderen äußert sich eine Depression mit Schlafstörungen oder Schmerzen, die sich auf verschiedene Bereiche des Körpers ausdehnen können.

Viele Menschen, die an Depressionen leiden, fühlen sich zwar unfähig, ihren Alltag alleine zu gestalten, sie suchen jedoch trotzdem keine ärztliche Hilfe. Oft ist die fehlende Aufklärung ein Grund dafür, denn über psychische Erkrankungen wird in der Gesellschaft weiterhin viel zu wenig gesprochen. Doch auch Schamgefühl kann eine Ursache dafür sein, warum die erkrankte Person sich nicht an einen Arzt wendet. Sie hat das Gefühl, mit den Problemen, Ängsten und Sorgen eigentlich alleine zurechtkommen zu müssen. Depressionen sind eine ernstzunehmende Krankheit, für die man sich keineswegs schämen braucht. Schließlich sollte die Gesellschaft darauf ausgerichtet sein, dass sich die Menschen gegenseitig bei der Bewältigung ihrer Sorgen und Probleme helfen und sich gegenseitig unterstützen. Darüber hinaus kann die betroffene Person sich zwar vornehmen, ihre Denkweise zu ändern und sich selbst aus ihrem Zustand zu befreien, doch sie können ihre Wahrnehmung nicht alleine verändern und schlingern deshalb immer und immer wieder in die selben Gedanken und Gefühle hinein. Hilfe zu suchen ist keinesfalls ein Zeichen von Schwäche, wie es häufig leider noch dargestellt wird. Es geht vielmehr darum, sich selbst einzugestehen, wenn man Hilfe benötigt und auch nicht davor zurückzuschrecken, sich in einem solchen Moment professionelle Hilfe zu suchen. Schließlich hat jeder von uns eine gute Lebensqualität verdient und sollte sich für diese auch aktiv einsetzen.

Die meisten Depressionen treten zwischen dem 30. und dem 40. Lebensjahr auf, bei den meisten Menschen machen sich die ersten depressiven Episoden jedoch bereits in den Zwanzigern bemerkbar. Es ist auffällig, dass Frauen etwa doppelt so oft von dieser Krankheit betroffen sind wie Männer. Insgesamt liegt das Risiko, im Laufe seines Lebens eine oder mehrere depressive Phasen zu durchlaufen, zwischen acht und 17 Prozent. Auffällig ist außerdem, dass etwa fünf Prozent der Bevölkerung betroffen ist und jährlich ein bis zwei Prozent neu an Depressionen erkranken. Das sind allein in Deutschland etwa vier Millionen Menschen.

Die größte Gefahr in Zusammenhang mit Depressionen liegt bei der hohen Suizidgefahr der Betroffenen. Die Gedanken an einen Suizid plagen viele Menschen mit depressiven Erkrankungen. Doch tatsächlich liegt die Selbstmordquote bei dieser Krankheit bei zehn bis 15 Prozent und somit weitaus höher als bei anderen psychischen Krankheiten. Dies ist auch einer der Gründe, warum eine solche Erkrankung unbedingt ernst genommen und rechtzeitig behandelt werden muss.

Problematisch ist, dass die Krankheit bei vielen Menschen erst recht spät erkannt wird. Selbst wenn sich eine Person dazu durchringen kann, den Arzt aufzusuchen, so sind die Symptome einer Depression so vielfältig, dass dieser die Krankheit oft nicht sofort richtig einschätzen kann. Konnte sie diagnostiziert werden, so gibt es jedoch gute Behandlungsmöglichkeiten. Auf Grund neuer Methoden und Therapien ist es heute möglich, etwa 80 Prozent aller Erkrankten zu heilen, sodass sie auch langfristig keine Rückfälle erleiden.

Posttraumatische Belastungsstörung

Rund die Hälfte aller Menschen erlebt im Laufe seines Lebens etwas, was als ein traumatisches Ereignis gilt. Von solchen Erlebnissen kann deshalb niemand ausgeschlossen werden. Es kann sich beispielsweise um einen Unfall handeln, die Misshandlung durch einen anderen Menschen, eine Krankheit oder eine Vergewaltigung.

Auffällig ist, dass die Erlebnisse dann besonders schmerzhaft und schwieriger zu verarbeiten sind, wenn sie durch eine andere Person verursacht wurden. Ein Autounfall, für den ein technischer Fehler zuständig war, ist deshalb zum Beispiel grundsätzlich leichter zu verarbeiten als eine Vergewaltigung. Darüber hinaus ist das Erlebnis besonders traumatisch, wenn der „Übeltäter" eine dem Betroffenen bekannte Person ist. So ist es schwerer, die Misshandlung durch einen Partner oder einen Elternteil zu verarbeiten, als die, die von einer fremden Person ausgeht.

Auch akute Krankheiten können durchaus eine posttraumatische Belastungsstörung hervorrufen, diese ist in den meisten Fällen jedoch deutlich leichter aufzuarbeiten.

Menschen mit einer solchen Belastungsstörung werden häufig für depressive Personen gehalten. In vielen Fällen berichten die Betroffenen nicht offen von den Erlebnissen, welche diese Belastungsstörung hervorgerufen haben. Dies ist besonders dann der Fall, wenn sie sich selbst die Schuld für die Ereignisse geben. Dies kommt beispielsweise bei Frauen vor, die im Laufe ihrer Jugend von nahestehenden Personen misshandelt wurden. Sie schämen sich dafür, das Verhalten in der anderen Person hervorgerufen zu haben. Hinzu kommt die Angst, dass ihnen nicht geglaubt werden könnte. Dann zum Beispiel, wenn die misshandelnde Person eine große Macht hat und Drohungen ausspricht.

Menschen mit einer posttraumatischen Belastungsstörung erleben die Ereignisse immer und immer wieder vor ihrem inneren Auge. Dies kann sowohl tagsüber als auch nachts geschehen, sodass die Betroffenen nicht von den Geschehnissen loskommen. Die Angst, vor einer Wiederholung der Situation zerfrisst sie innerlich und macht es unmöglich, den Alltag normal und geregelt zu gestalten. Typische Symptome sind der Versuch, Situationen, in denen sogenannte Flashbacks auftreten, zu vermeiden. Hinzu kommt, dass die betroffenen Personen häufig unter Konzentrationsschwäche leiden, gereizt sind und sich in einen vegetativen Zustand versetzen. Sie erscheinen dann distanziert und lustlos, versuchen, sich emotional von den Geschehnissen um sie herum loszulösen und beginnen damit, sich von ihrem sozialen Umfeld zu entfernen. Dieses Verhalten wird angenommen, um mögliche Verletzungen in der Zukunft unwahrscheinlicher zu machen.

Sehr viele Menschen durchleben traumatisierende Ereignisse, doch nur rund zehn Prozent von ihnen erkranken an einer diagnostizierbaren, posttraumatischen Belastungsstörung. Die Störung kann außerdem in verschiedene Gruppen unterteilt werden, je nach Stärke des Traumas und Anzeichen der Symptome einer Belastungsstörung.

Schlafstörungen

Beinahe jeder Mensch macht im Laufe seines Lebens die Erfahrung, über einige Tage hinweg nicht gut schlafen zu können. Dabei nehmen wir besonders lange Einschlafphasen und häufiges oder sehr frühes Erwachen als Hindernisse wahr. Im Anschluss daran fühlen wir uns am Tag unausgeruht und unausgeglichen. Über einen kurzen Zeitraum hinweg können diese Phasen durchaus auftreten und sie sind ein Teil unseres Lebens. Dann zum Beispiel, wenn es gerade besonders stressig ist, wenn uns Sorgen plagen oder ein wichtiges Event bevorsteht. Die Schlafstörungen können auch von außen kommen, bei frisch gebackenen Eltern beispielsweise, denn Säuglinge wachen in der Regel mehrmals in der Nacht auf und bringen in den ersten Wochen und Monaten den gesamten Tagesablauf der Familie durcheinander.

Sind diese Phasen des unerholsamen Schlafes kurz, so kehrt die Person anschließend wieder in den gewohnten Rhythmus zurück. Halten sie jedoch mehrere Wochen oder gar Jahre an, so kann dies schwerwiegende Folgen für die Psyche haben. Betroffene Personen sind unausgeglichen und schnell reizbar. Ihre Produktivität lässt deutlich nach und in vielen Fällen entwickeln sich Depressionen.

Wie viele Stunden Schlaf eine Person pro Nacht benötigt, kann ganz unterschiedlich sein. Einige Menschen fühlen sich mit sechs Stunden Schlaf vollkommen erholt und produktiv, andere benötigen bis zu zehn Stunden Schlaf pro Nacht. Die Länge des Schlafes entscheidet nicht unbedingt über seine Qualität. Deshalb ist auch darauf zu achten, wie ausgeruht man sich am Morgen fühlt. Häufige Kopfschmerzen oder Tagesmüdigkeit sind wichtige Indikatoren für eine Schlafstörung und sollten deshalb sehr ernst genommen werden.

Auswirkungen auf Wirtschaft, Gesellschaft und Angehörige

Psychische Erkrankungen gelten weiterhin in vielen Situationen als Tabu-Thema. Wenn jemand erzählt, dass er im Skiurlaub einen Unfall hatte und dabei sein Bein gebrochen ist, dann kann sich jeder von uns vorstellen, was passiert ist. Wir sehen den Knochen des Beins vor uns und können die Schmerzen nachvollziehen, unter denen die betroffene Person gelitten hat oder immer noch leidet. Wir verstehen, dass die Person Ruhe braucht, dass der Knochen verheilen muss und eine Therapie notwendig ist, damit sich das Bein wieder normal bewegen und belasten lässt.

Wenn jemand unter Kopfschmerzen leidet, dann können wir diese zwar nicht sehen, wie etwa den Gips an einem gebrochenen Bein, doch wir alle hatten bereits Kopfschmerzen und können den Schmerz nachvollziehen. Wir verstehen, dass die Person Schwierigkeiten hat, sich zu konzentrieren und deshalb zu Hause bleibt, um zu schlafen.

Eine psychische Krankheit können wir hingegen nicht sehen und sie ist schwer nachzuvollziehen, wenn wir nicht selber schon einmal Erfahrungen in diesem Bereich gemacht haben. Wenn wir einen Menschen sehen, der antriebslos wirkt und morgens nicht die Kraft aufbringt, aus dem Bett zu kommen, dann kann es uns schnell passieren, dass wir diese Person als faul einstufen. Wir denken, sie bräuchte lediglich eine andere Einstellung, um den Alltag zu bewältigen. Oft fallen in diesem Zusammenhang Sätze wie „Dir geht es doch aber gar nicht so schlecht. Überlege mal, was andere Menschen auf der Welt für schlimme Probleme haben." Diese Aussagen helfen dem Betroffenen jedoch nicht weiter. Es geht nicht darum, sich rechtfertigen zu müssen, weil andere Menschen noch schlimmere Dinge durchleben. Es geht darum, wie man sein eigenes Leben wahrnimmt und wie sehr einen die Hindernisse aus der Bahn werfen, die sich einem in den Weg stellen. Professionelle Hilfe zu suchen und in Anspruch zu nehmen, ist keineswegs ein Zeichen von Schwäche. Es ist vielmehr ein Beweis dafür, dass man sein eigenes Leben überdenkt und feststellt, dass man eine bessere Lebensqualität anstrebt und dass man noch so viel verändern möchte. Aus diesem Grund wendet man sich an jemanden, der einem unter die Arme greifen kann. Ein Psychotherapeut kann dabei helfen, Traumata aufzudecken. Er kann hilfreiche Tricks weitergeben, wie man seine Ängste überwinden kann.

Das Prinzip ist vergleichbar mit jemandem, der bereits gearbeitet hat in seinem Leben, irgendwann jedoch feststellt, dass er sich weiterbilden möchte. Er absolviert ein Studium oder macht eine Fortbildung, um sein Wissen und Können in diesem Themengebiet zu verbessern. Anschließend hat er besondere Qualifikationen, die ihn seine Arbeit noch sehr viel besser ausüben lassen. Wenn wir also feststellen, dass wir in unserem Leben Baustellen haben, die wir allein nicht flicken können und die uns daran hindern, unser Leben in vollen Zügen zu genießen, dann ist es doch naheliegend, jemanden zu suchen der uns dabei helfen kann.

Auch wenn psychische Krankheiten weiterhin in vielen Bereichen nicht angesprochen werden, so zeigen Studien der Krankenkassen, dass psychische Probleme in den letzten Jahrzehnten immer öfter als Grund für eine Krankschreibung dargelegt wurden. Hierfür gibt es zwei Erklärungen, die sich gegenseitig nicht ausschließen, sondern vielmehr Hand in Hand gehen. Zum einen scheint es immer normaler zu werden, psychische Krankheiten nicht hinter einer Erkältung, einer Magen-Darm-Grippe oder einer anderen, harmlos klingenden Ausrede zu verstecken. Bis vor einigen Jahrzehnten machte es Arbeitnehmern Angst, psychische Probleme vor ihrem Arbeitgeber zu erwähnen. Sie hatten Angst, dadurch als weniger geeignet für ihre Arbeit zu gelten. Schließlich kann der Verlauf einer psychischen Krankheit weniger genau vorausgesagt werden, als beispielsweise die Genesung eines gebrochenen Arms oder einer Erkältung. Psychische Probleme im privaten Leben schienen eine Schwäche zu offenbaren, welche den Betroffenen am Arbeitsplatz angreifbarer machten.

Diese Auffassung hat sich in den letzten Jahrzehnten zunehmend geändert. Immer mehr Personen in Arbeitspositionen mit hoher Verantwortung gaben ein Burnout als den Grund für ihre Krankschreibung an. Es handelt dabei nicht um eine Krankheit mit einer klaren Definition und Abgrenzung zu anderen Erkrankungen. Im Volksmund steht Burnout vor allem dafür, dass jemand nach einer langen Phase der Überanstrengung ausgebrannt ist und deshalb seine Aufgaben nicht mehr ausüben kann. Stattdessen muss eine Therapie begonnen werden, damit sich die betroffene Person erholen kann, um anschließend wieder an einem normalen Lebensalltag teilnehmen zu können.

Burnout ist eine der wenigen Krankheiten, die von der Gesellschaft sogar als positiv aufgefasst werden. Sie scheint zu vermitteln, dass jemand eine besonders große Leistung erbracht hat. Die Verantwortung der betroffenen Person, sowie ihr Arbeitspensum, waren so hoch, dass sie schließlich vollkommen ausgebrannt war und sich mehrere Monate erholen musste. So wurde diese Krankheit zu einer Mode und konnte auch immer öfter ohne Angst als Grund für eine Krankschreibung genannt werden. Mit anderen Krankheiten, wie etwa Angststörungen, Depressionen oder Süchten, können die Menschen ebenfalls immer öfter an die Öffentlichkeit treten. Dennoch treffen sie häufig auf Vorurteile und müssen mit verschiedenen Hindernissen kämpfen.

Insgesamt lässt sich jedoch beobachten, dass man bei seinem Arztbesuch heute ehrlicher sein kann. Man kann sagen, dass man auf Grund einer psychischen Belastung einige Tage braucht, um zur Ruhe zu kommen und Kraft zu tanken, anstatt dieses Bedürfnis mit dem Vorwand eines grippalen Infekts zu überdecken.

Der zweite Grund dafür, warum psychische Krankheiten immer öfter als Grund für eine Krankschreibung genannt werden ist, dass sie tatsächlich öfter auftauchen als noch vor einigen Jahren. Die Menschen versuchen immer schon, sich gegenseitig zu übertrumpfen, doch in Zeiten der sozialen Netzwerke wird eine Transparenz vorgegaukelt, die uns an dem scheinbar perfekten Leben unserer Mitmenschen teilhaben lässt. Dort wird suggeriert, dass wir alle unser Leben wunderbar im Griff haben, das Haus perfekt geputzt ist, während die Kinder stets auf hohem pädagogischen Niveau betreut werden und nebenbei noch eine 50 Stunden Woche am Arbeitsplatz absolviert wird.

Die Rollen von Mann und Frau in der Gesellschaft verändern sich und das bringt durchaus neue Chancen mit sich, kann jedoch auch eine Ursache für Stress und Unsicherheit sein. Viele Frauen sind dankbar dafür, eine Karriere machen zu können. Sie möchten sich beruflich fortbilden und zeigen, was sie leisten können. Gleichzeitig liegt die Last auf ihnen, trotzdem noch perfekte Hausfrauen und Mütter sein zu müssen, wobei perfekt selbstverständlich eine sehr subjektive Maßeinheit ist. Auch Männer müssen ihre neue Rolle erst finden. Es reicht nicht mehr, einen vollen Arbeitstag zu haben. Man stellt an sich selbst den Anspruch, auch eine funktionierende Beziehung zu führen, eine enge Bindung zu den Kindern aufzubauen und nebenbei Freundschaften und Hobbys nicht zu vernachlässigen.

Viele erkennen dabei nicht, dass sie ihre neuen Freiheiten und Möglichkeiten nicht einfach auf die alten Muster der Verantwortung am Arbeitsplatz addieren können. Der Tag hat schließlich weiterhin nur 24 Stunden. Aus diesen Gründen werden Stress, soziale Angststörungen und Anpassungsstörungen, sowie Depressionen immer häufiger diagnostiziert.

Da immer mehr Menschen an solchen psychischen Krankheiten leiden, wird auch die Gesellschaft an sich empfänglicher für solche Themen. Filmstars und Influencer zeigen auf ihren Profilen im Internet immer häufiger, wie es wirklich hinter den Kulissen aussieht. Sie versuchen damit, anderen Menschen deutlich zu machen, dass jeder von uns seine ganz eigenen Probleme im Leben hat und stets versucht, diese Hindernisse zu bewältigen. Das ist überaus wichtig, denn viele Menschen mit psychischen Erkrankungen können sich nicht optimal in die Gesellschaft integrieren. Das ist nicht nur für die erkrankte Person von Nachteil, sondern auch für ihr Umfeld. Viele Menschen gehen heute aus gesundheitlichen Gründen in Frührente, wobei die Ursache immer öfter eine psychische Erkrankung ist. Damit gehen dem Arbeitsmarkt sehr viele Personen mit einem großen Potenzial verloren. Ihre Kreativität, ihre Sicht auf die Welt und ihre ganz besondere Wahrnehmung sind in vielerlei Hinsicht eine große Bereicherung für die Gesellschaft und wären dies auch an einem respektvollen Arbeitsplatz. Aus diesem Grund wird es immer wichtiger, sich aktiv mit psychischen Erkrankungen, ihren Symptomen und Therapien zu beschäftigen – nicht nur im privaten Umfeld, sondern auch auf beruflicher Ebene.

Für die Angehörigen von Menschen mit psychischen Erkrankungen ist die eigene Aufklärung und die der Gesellschaft ebenso wichtig wie für den Erkrankten selbst. Studien zeigen, dass Menschen mit psychischen Problemen eine deutlich bessere Lebensqualität haben, wenn ihr sozialen Umfeld verständnisvoll ist und aktiv für die Gesundheit der betroffenen Person arbeitet. Isolation und Einsamkeit sind die schlimmsten Verbündeten psychischer Krankheiten. Doch wenn ein Mensch Personen in seinem Umfeld hat, die sich über die Krankheit, ihre Symptome und ihre Therapie informieren, dann können die betroffenen Menschen in vielen Fällen ein normales Leben führen.

Umso mehr über psychische Krankheiten, ihre Ursachen und Symptome gesprochen wird, desto weniger Angst hat die Gesellschaft. Wissen verleiht uns Macht, und in vielen Fällen ist dies eben die Macht, die einem Menschen das Leben rettet und sein Dasein in seinen Augen wieder lebenswert macht.

Verständnis ist der erste Schritt in die richtige Richtung. Viele betroffen Personen trauen sich nicht, zum Arzt zu gehen und sich behandeln zu lassen. Wenn sie jedoch verständnisvolle Menschen in ihrem Umfeld haben, denen sie vertrauen, dann können diese zu einer Therapie ermutigen.

Mitleid hilft meist nicht, denn es kann dazu beitragen, dass der Patient in Selbstmitleid verfällt. Eine aktive Hilfestellung für die betroffene Person ist allerdings sehr wirkungsvoll. Menschen mit Angststörungen, bipolaren Störungen, Depressionen und anderen psychischen Erkrankungen brauchen oft eine Vertrauensperson, auf dessen Urteilsvermögen sie zählen. So können Panikattacken, depressive Episoden oder Manien frühzeitig erkannt und behandelt werden, ehe sie den Grad einer schwerwiegenden Erkrankung erreichen und langfristige Schäden verursachen. Das Angebot an Selbsthilfegruppen für Angehörige von Menschen mit psychischen Erkrankungen ist in Deutschland bereits groß, es könnte jedoch durchaus noch stärker ausgebaut werden. Immer mehr Ärzte binden die Angehörigen mit ein, weil sie erkennen, wie wichtig diese für den weiteren Krankheitsverlauf und den Erfolg der Behandlung sind. Dies ist nicht immer einfach, schließlich kann die Dynamik zwischen Patient, Arzt und Angehörigen auf eine harte Probe gestellt werden. Manchen Erkrankungen werden von Wahnvorstellungen und Argwohn begleitet. Dann besteht das Risiko, dass sich der Patient durch den Informationsaustausch zwischen behandelndem Arzt und den eigenen Angehörigen hintergangen fühlt und die Behandlung abbricht.

Die steigenden Zahlen psychischer Erkrankungen spielen auch in der Wirtschaft eine wichtige Rolle. Eine psychische Erkrankung gilt als der häufigste Grund für die Frühverrentung. Darüber hinaus ist es die zweithäufigste Ursache für Fehltage bei der Arbeit. Allein vor diesem Hintergrund wird deutlich, welch großen Einfluss die psychische Gesundheit der Gesellschaft auch auf deren Wirtschaft hat. Die Unternehmen und Arbeitgeber können aus diesen Statistiken herauslesen, dass sie sich um die Gesundheit und das psychische Wohlergehen ihrer Arbeitnehmer kümmern müssen. Aus diesem Grund werden immer mehr Maßnahmen ergriffen, mit denen die psychische Gesundheit von Arbeitnehmern geschützt werden soll. Hierzu gehören eine bessere Koordination von Arbeitsaufgaben und -aufträgen, damit der Stresspegel bei der Arbeit gesenkt werden kann. Viele Unternehmen bieten bereits Coachings an, bei welchen die Angestellten über Stressmanagement informiert werden und herausfinden können, wie sie ihren Alltag noch gesünder gestalten können.

Ein wichtiger Ausgangspunkt für das Angebot zum Erhalt der psychischen Gesundheit von Angestellten ist außerdem der Gedanke an die Zukunft. Wer langfristig denkt, der möchte seine Arbeitnehmer über viele Jahre in seinem Unternehmen anstellen können. Psychische Krankheiten können zu langandauernden Ausfällen am Arbeitsplatz führen, wobei die Behandlungskosten nicht nur für die Krankenkassen enorm sind. Die Unternehmen, deren Arbeitnehmer betroffen sind, müssen Ersatz finden und haben zum Teil enorme Einbußen in ihrer Produktivität. Aus diesem Grund versuchen viele Unternehmen, auf die psychische Gesundheit ihrer Angestellten zu achten. Auf diese Weise arbeiten die Mitarbeiter der Firmen deutlich effizienter, die Produktivität steigt und die Gewinne mit ihr.

Ein weiteres Problem in der Gesellschaft besteht darin, dass die psychischen Krankheiten in zwei Gruppen aufgeteilt zu werden scheinen. Leidet ein Mensch an Depressionen, so sorgt das bei seinen Mitmenschen für Mitleid. Sie können verstehen, dass die betroffene Person mit vielen Problemen zu kämpfen hat und versuchen, mit aufmunternden Worten zu helfen. Eine manische Episode wird von den direkten Angehörigen zwar als eine verstörende Phase wahrgenommen, doch allgemein wird sie in der Gesellschaft häufig mit großer Kreativität und Virtuosität gleichgesetzt. Viele Musiker, Dichter oder Schriftsteller und auch Maler oder Philosophen schufen ihre größten Werke in Lebensabschnitten, in denen sie nach der heutigen Auffassung in einem manischen Geisteszustand waren. Ein Burnout wird von vielen Menschen als Resultat von zu viel Arbeit und Verantwortung gesehen. Doch auch dies wird indirekt als positiv aufgefasst, denn eine Person, die ein Burnout hat, scheint vorher eine besonders große Leistung erbracht zu haben.

Im Gegensatz dazu gelten andere psychische Erkrankungen als beängstigend. Dies passiert vor allem dann, wenn das soziale Umfeld das Gefühl hat, die Handlungen dieser Person nicht mehr voraussehen zu können, da sie keiner allgemeingültigen Logik entsprechen. In vielen Fällen wendet sich die betroffene Person von ihren Angehörigen ab, denn sie fühlt sich missverstanden. Dies liegt vor allem an einer verzerrten Wahrnehmung, die Teil vieler psychischen Erkrankungen ist. Doch auch das Umfeld hat oft nur eine sehr begrenzte Toleranz. Passt jemand nicht ins System, sondern fällt auf irgendeine Weise auf, so dauert es meist nicht lange, bis sich die Freunde und auch ein Großteil der Verwandten von ihm abwenden. Dabei ist der soziale Rückhalt überaus wichtig. An diesem Punkt kommt es jedoch zu einer Schnittstelle, die einer besonderen Zerreißprobe ausgesetzt ist. Eine psychische Krankheit ist sowohl für den Betroffenen, als auch für die Menschen in seinem Umfeld eine Strapaze. Das Verhalten der erkrankten Person ist auffällig, was nicht selten mit Schmerz verbunden ist. Menschen mit Depressionen fügen sich häufig Schaden zu. Sie verletzen sich, was ihren Mitmenschen große Sorgen bereitet. Es gibt Personen, die es vorziehen, sich von dem Erkrankten abzuwenden, anstatt ihn leiden zu sehen. Auch haben sie das Gefühl, selbst in die negativen Gedanken hineingezogen zu werden. Es mag so klingen, als handele es sich einfach um keinen guten Freund. Doch es ist Tatsache, dass es überaus anstrengend ist, sich stets mit einer Person zu umgeben, die eine sehr negative Sicht auf das Leben und unseren Planeten hat.

Depressive Menschen neigen dazu, keinen eigenen Antrieb mehr zu finden, um morgens aufzustehen. Bereits das Anziehen von Klamotten erscheint ihnen wie eine schier unmögliche Aufgabe.

Dies hat auf Liebesbeziehungen eine große Auswirkung. Handelt es sich um eine kurze Zeitspanne, dann kann diese mit einiger Unterstützung, sowie ärztlicher Hilfe, überwunden werden. Doch wenn die depressiven Episoden lange anhalten, dann fühlt sich der Partner der erkrankten Person in seiner Lebensqualität eingeschränkt. Daraus entwickelt sich eine eigenartige Dynamik, deren Komplexität eine eindeutige Analyse beinahe unmöglich macht. Es lässt sich jedoch ein gewisses Muster erkennen, welches sehr häufig auftritt.

Die betroffene Person bringt nicht die Kraft auf, morgens aufzustehen, sich fertig zu machen und zur Arbeit zu gehen. Ihre Zukunftsträume treten in den Hintergrund und sie hat keine Lust, am täglichen sozialen Leben teilzunehmen. Sie ist mit ihren eigenen Gedanken beschäftigt, fühlt sich dabei unverstanden und kapselt sich immer mehr ab. Für ihren Partner ist dies problematisch. Anfangs versucht er mit allen Mitteln, die erkrankte Person aus ihren Gedankenspiralen zu reißen. Doch seine Versuche scheinen keinen Erfolg zu haben, weshalb sie mit der Zeit abnehmen. Er hat das Gefühl, dem anderen Menschen nicht helfen zu können. Er kann nicht zu Nahe treten, denn sonst verletzt er die Privatsphäre seines Partners. Der erkrankten Person geht es nicht anders. Sie hat das Gefühl, eigentlich keinen Mehrwert zu schaffen. In schweren Fällen leidet sie nicht nur daran, keinen Sinn im Ablauf des Lebens zu finden, sondern sie entwickelt eine schwerwiegende Form von Selbsthass. Aus diesen Gefühlen heraus stößt sie ihren Partner von sich, sowohl körperlich als auch emotional. Sie schottet sich ab, fühlt sich allein mit ihrem Leid und hat selber nicht das Gefühl, den Menschen in ihrem Leben irgendeine Form von Mehrwert zu schenken. Der Partner hat bisher versucht, mit Gesprächen und aufmunternden Worten zu helfen. Er hat sich Pläne überlegt, Wochenendausflüge gebucht und gehofft, dass all dies Früchte tragen würde. Doch langsam überkommt ihn das Gefühl, dass er der anderen Person nicht helfen kann, dass er allein nicht ausreicht, um ihr aus ihrem Elend zu helfen.

Das Paar trennt sich. Für die erkrankte Person hinterlässt dies ein tiefes Loch, denn sie hat das Gefühl, dass ihre Krankheit und ihr Leiden die Verantwortung dafür tragen, dass die Beziehung in die Brüche gegangen ist. Sie hat das Gefühl, nur noch vor Trümmern zu stehen. Oft steht die erkrankte Person zu diesem Zeitpunkt bereits nicht mehr in einem Arbeitsverhältnis. Die Baustellen vermehren sich und es wird immer schwerer, aus dieser Depression zu entkommen.

Doch auch für den ehemaligen Partner ist diese Situation nicht leicht. Er hat das Gefühl, versagt zu haben. Er war nicht genug, um seine geliebte Person vor ihren Gedanken zu schützen und ihr aus dem emotionalen Loch zu helfen. Dies kann zu dem Gefühl führen, versagt zu haben. Außerdem war nicht die fehlende Liebe der Grund für die Trennung. Aus diesem Grund fragt man sich, ob man nicht zu früh gegangen ist. Vielleicht hätte man noch ein wenig mehr durchhalten können. Wenn man dann beobachtet, wie sich die erkrankte Person aus ihren Trümmern herausarbeitet und ihre Krankheit überwindet, so verstärkt sich dieses Gefühl noch. Vielleicht hätte man doch noch gemeinsam glücklich werden können, wenn man nur etwas länger durchgehalten hätte.

Andrés und Elena haben sich während ihres Masterstudiums kennen gelernt. Aus der anfänglichen Kameradschaft als Studenten wurde schnell mehr und bald verbrachten sie jede freie Sekunde gemeinsam. Nach wenigen Monaten zogen sie zusammen, sein Mietvertrag im Studentenwohnheim lief aus und ihre Mitbewohnerin begann ein Auslandssemester. Da sie mittlerweile ohnehin jeden freien Moment miteinander verbrachten, schien das Zusammenziehen eine naheliegende Lösung zu sein. Die ersten Monate vergingen schnell, sie gewöhnten sich an das Zusammenleben, lernten an den Abenden unter der Woche und verreisten an den Wochenenden. Das Semester endete und er reiste über die Weihnachtstage zu seiner Familie. Ihre Beziehung war stabil, sie telefonierten stundenlang, weil sie sich so sehr vermissten und freuten sich bereits darauf, im neuen Jahr gemeinsam in das nächste, aufregende Semester zu starten. Doch als sie eines Tages um die gewohnte Zeit anrief, bemerkte er schnell, dass etwas nicht stimmte. Ihre Stimme war belegt als sie ihm mitteilte, ihre Mutter sei an Krebs erkrankt. Sie brach in Tränen aus, wusste nicht wohin mit ihrem Schmerz und er fühlte sich nutzlos. Er hatte versagt, er war nicht bei ihr, als sie diese Nachricht bekam. Er konnte sie nicht in den Arm nehmen, konnte ihre Tränen nicht trocknen und ihr keine wärmende Suppe kochen, um sie ein wenig von ihrem Schmerz abzulenken. Diese Gedanken überkamen ihn in diesem Augenblick und sie würden es in den nächsten Monaten noch häufig tun. Er konnte seinen Urlaub bei der Familie nicht mehr genießen, denn er musste unaufhörlich daran denken, wie schrecklich es ihr gehen musste. Als er aus den Ferien zurückkehrte wusste er nicht, wie er sich verhalten sollte. Sie machte ihm keine öffentlichen Vorwürfe, doch es hatte sich etwas verändert.

Der Krebs war weit vorangeschritten, viel Zeit schien nicht mehr zu bleiben und so nahm sich Elena ein Urlaubssemester. Sie zog zu ihren Eltern, um jede Sekunde mit der Mutter auskosten zu können und den Vater in seiner Trauer zu trösten. Andrés blieb in der gemeinsamen Wohnung, reiste so oft wie möglich zu ihr und versuchte, Elena mit tröstenden Worten zu unterstützen. Auch wenn er eigentlich nichts falsches getan hatte, machte er sich trotzdem Vorwürfe. Sie schottete sich immer weiter von ihm ab, wollte nicht über die Krankheit der Mutter sprechen und schien ihre gesamte Lebensfreude verloren zu haben. Als ihre Mutter schließlich starb, stand es um die Beziehung bereits sehr schlecht. Doch Andrés hatte Hoffnung, dass es nun bergauf gehen würde. Selbstverständlich würde sie trauern und den Schmerz des Verlustes noch lange in ihrem Herzen tragen, doch ihr gemeinsamer Alltag würde endlich wieder eintreten. Es kam anders, denn als Elena zurückkehrte, hatte sie sich grundlegend verändert. Ihre Lebensfreude war verschwunden, sie war stets gereizt und wurde mit jedem Tag verbitterter. Als die beiden ihr Studium beendet hatten, zog sie in die Nähe ihres Heimatortes und begann, dort zu arbeiten. Andrés begann sein Doktorstudium, er reiste an den Wochenende zu ihr und verbrachte jede freie Minute mit ihr, doch sie schien stets müde zu sein. Sie weigerte sich, ihn zu besuchen, wollte nichts unternehmen und schottete sich emotional von ihm ab.

Einige Monate vergingen, die Konflikte wuchsen und schließlich trennten sie sich. Er hatte das Gefühl, nicht mehr an sie heranzukommen, denn sie schien ihn bewusst von sich zu stoßen. Dabei hatten sie sich doch so nah gestanden. Er wusste, dass sie immer noch in ihrer Trauer lebte, dass es ihr schwer fiel, von ihrer Mutter Abschied zu nehmen und dass sie unter ihren Launen und ihrer Unausgeglichenheit am meisten litt. Er verstand jedoch nicht, warum sie sich ihm nicht öffnen wollte, warum sie ihn nicht an ihren Gedanken teilhaben lassen konnte, denn er hätte ihr so gerne geholfen.

Auch wenn er wusste, dass ihre Beziehung seit Monaten vorbei gewesen war, so hörte er doch nicht auf sie zu lieben. Noch Monate später machte er sich Gedanken darüber, wie ihre gemeinsame Zukunft gewesen wäre, wenn er die richtigen Worte gefunden hätte, um an sie heranzukommen.

Diese Geschichte zeigt, wie sehr die Trauer die Persönlichkeit eines Menschen verändern kann und welche Auswirkungen dies auf eine Beziehung haben kann. Ist eine Person depressiv, so fängt sie an, sich zurückzuziehen und ihre Gefühle von der Außenwelt abzuschotten. Oft ist es die wachsende emotionale Distanz zwischen den Partnern, die schließlich zu Trennung führt.

Doch das ist nicht bei allen psychischen Erkrankungen so. Personen, die sich in einer manischen Phase befinden, schotten sich nicht von ihrer Außenwelt ab. Doch ihre Persönlichkeit verändert sich innerhalb kurzer Zeit. Zurückhaltende, eher schüchterne Personen, die häufig an sozialen Ängsten leiden, werden zu Menschen, die das Rampenlicht lieben, mitteilungsfreudig sind und sich auffällig verhalten. Für Außenstehende mag dies in der ersten Zeit eine positive Entwicklung sein. Sie denken, die erkrankte Person habe endlich Mut gefasst und würde nun aufblühen, da sie ihre Schüchternheit und ihre sozialen Ängste hinter sich gelassen hätte. Nur sehr nahestehende Freunde und Verwandte erkennen, dass dieses Verhalten dem Wesen der betroffenen Person vollkommen widerspricht. Ein manischer Mensch ist überaus aktiv. Er benötigt nur sehr wenig Schlaf, fühlt sich jedoch trotzdem bereit zu großen Taten. Viele betroffene Personen zeigen einen sehr großen Grad an Kreativität, der jedoch in der Gesellschaft schnell auffällig wird. Hinzu kommt eine stark ausgeprägte Libido, die das Verhalten der erkrankten Person beeinflusst. Viele manisch erkrankte Menschen verlieren die Kontrolle über ihre Finanzen. Sie beginnen, Autos zu sammeln, Reisen zu buchen oder Häuser zu kaufen. Dabei fühlen sie sich jedoch nicht krank, wie es beispielsweise eine depressive Person tut. Sie möchten keine Hilfe annehmen, denn sie haben das Gefühl, endlich losgelöst und frei zu sein. Ihre Entscheidungen und ihr Verhalten haben jedoch Konsequenzen, die noch lange nachhallen. Befinden sie sich in einer Beziehung, so geht diese in vielen Fällen in die Brüche. Ersparnisse, die eigentlich für die Sicherung der Zukunft gedacht waren, werden unbedacht verprasst. Die Erkrankten möchten ihr Umfeld an ihren eigenen Emotionen teilhaben lassen. Sie feiern große Feste, beschenken all ihre Freunde und fühlen sich unübertrefflich gut. Viele von ihnen neigen außerdem dazu, sich unbesiegbar zu fühlen. Sie können es nun mit der ganzen Welt aufnehmen, beginnen Konflikte und Prügeleien, denn sie sind gänzlich befreit von sozialen Konventionen. Die Selbstmordrate liegt bei etwa 30 Prozent. In vielen Fällen kommt es in einer depressiven Phase zu einem geplanten Suizid. Doch viele Erkrankte sterben in der manischen Phase, ohne dies vorher zu planen. Dann springen sie beispielsweise von einer Autobahnbrücke, weil sie davon überzeugt sind, dass sie fliegen können.

Psychische Erkrankungen spitzen sich im Laufe des Lebens zu. Im Kindesalter sind sie häufig schwer zu diagnostizieren, denn ihre Symptome sind hoch komplex und können deshalb nicht eindeutig zugeordnet werden. Viele Kinder haben bereits Phasen, in denen sie besonders kreativ sind. Bis zu einem gewissen Maß ist dies selbstverständlich toll, doch sie geraten in einen Zustand des Exzesses. Dabei können sie sich nicht konzentrieren, ihre Gedanken flattern von einem Thema zum anderen und sie finden nachts nicht in den Schlaf. Dies wird jedoch als ADS betrachtet, weshalb keine weiteren Beobachtungen folgen. Oft ist es in dem Alter auch noch gar nicht möglich, eindeutige Untersuchungen durchzuführen. Die Krankheit hat sich dann noch nicht voll entwickelt, ihre Ansätze sind jedoch bereits im Gehirn des Kindes verankert. Mit den Jahren zeigen sich die Probleme immer stärker und die Eltern sind zunehmend besorgt. Meist können sie die unterschiedlichen Symptome ihrer Kinder nicht richtig deuten, denn sie kennen die Krankheitsbilder nicht im Detail. Darüber hinaus besteht die Angst vor der Diagnose. Denn ein Leben mit einer psychischen Krankheit ist alles andere als leicht.

Hinzu kommen die Vorurteile. Diese zeigen sich bereits in Schulen. Jugendliche werden häufig als potenziell gefährlich eingestuft, obwohl ihre Erkrankung nicht mit einer Gefährdung anderer einhergeht. Aus Sicht der Schule wird ein Sicherheitsprogramm notwendig, welches jedoch den Schüler in seiner Entwicklung maßgeblich stört. Viele Menschen mit einer psychischen Erkrankung schließen die Schule nicht erfolgreich ab, obwohl sich in ihnen ein großes Erfolgspotenzial birgt. Andere möchten studieren, beginnen ein Studium und brechen dieses später ab.

Der Umgang mit psychischen Krankheiten ist nicht einfach, denn das Gehirn ist so komplex, dass eine eindeutige Einschätzung oft nicht möglich ist. Besonders Außenstehende, die sich nicht mit der Krankheit und ihren Einzelheiten beschäftigen, nehmen Abstand. Dies geschieht aus Angst und Unwissenheit. Der Umgang mit einer psychischen Erkrankung ist keineswegs einfach, doch er ist notwendig, um mit Vorurteilen aufzuräumen und einen tieferen Einblick in die Funktionsweise des Gehirns zu erhalten.

Auch wenn die Menschheit in den letzten Jahrzehnten große Fortschritte im Bereich der Medizin gemacht hat, so können wir weiterhin nur einen kleinen Bruchteil der Vorgänge erklären, die sich im Gehirn abspielen. Dieses relativ kleine Wissen sollten wir jedoch so gut wie uns möglich ist ausnutzen, um unsere Gesellschaft im Gleichgewicht zu halten. Über psychische Erkrankungen wird nur selten gesprochen. Das Verhalten der erkrankten Person entspricht meist nicht den gesellschaftlichen Normen. Das verunsichert und macht Angst. Doch rund 27 Prozent der Bevölkerung leidet oder litt zu einem Zeitpunkt ihres Lebens an einer psychischen Erkrankung. Es handelt sich um einen Anteil, der so groß ist, dass er keinesfalls unter den Teppich gekehrt werden kann. Denn 27 Prozent mögen als Zahl wenig Aussagekraft haben, doch sie bedeuten, dass statistisch gesehen in jeder vierköpfigen Familie ein Familienmitglied im Laufe seines Lebens erkrankt. Umso detaillierter sich die Angehörigen informieren, desto besser können sie die betroffene Person einbetten und integrieren. Aus diesem Grund ist es von großem Vorteil, sein Wissen über psychische Erkrankungen auszuweiten und sich auch mit einem solchen Thema auseinanderzusetzen, das auf den ersten Blick verunsichernd erscheinen mag.

PSYCHOLOGIE IM ALLTAG

Eine gesunde Psyche ist wichtig

Der Mensch setzt sich aus verschiedenen Bereichen zusammen. Je nachdem, welche Bedeutung man welchem dieser Bereiche zuspricht, ändern sich auch ihre Rollen und ihre Wichtigkeit. Unseren Körper können wir jedoch keineswegs auf unsere physische Beschaffenheit beschränken, denn unsere Psyche nimmt einen ebenso wichtigen Platz ein.

Trotzdem lässt sich nach wie vor beobachten, dass sich die Menschen weit mehr auf ihr körperliches Wohl konzentrieren, als auf ihre psychische Gesundheit. Leiden wir einige Tage an Halsschmerzen, so besuchen wir unseren Hausarzt. Schmerzt ein Zahn, so ist der Besuch beim Zahnarzt unausweichlich. Bei Schmerzen im Unterleib zögert eine Frau nicht, einen Termin beim Gynäkologen zu machen. Für beinahe jede körperliche Beschwerde gibt es einen Spezialisten.

Doch wenn es uns psychisch nicht gut geht, dann meinen wir, mit unseren Problemen selbst fertig werden zu müssen. Warum geht keiner zum Arzt, wenn er seinen Liebeskummer nicht überwinden kann? Weshalb dauert es oft Jahre, bis sich eine Person mit der Therapie ihrer Angstzustände und Panikattacken befasst?

Dies ist unter anderem auf kulturelle Ursachen zurückzuführen. In den USA ist es mehr als normal, einen Psychologen zu haben und diesen regelmäßig aufzusuchen. Es handelt sich hierbei beinahe schon um eine Modeerscheinung. Doch in Deutschland werden psychische Erkrankungen weiterhin als ein Zeichen von Schwäche und Unzurechnungsfähigkeit angesehen. Aus Angst vor dem sozialen Ausschluss und vor Problemen bei der Jobsuche verschweigen die meisten Personen ihre psychischen Probleme. Es ist unkompliziert, sich wegen einer Migräne oder Magenbeschwerden krankschreiben zu lassen, doch wenn dort auf dem Attest steht, man könne wegen einer Panikattacke nicht bei der Arbeit erscheinen, dann könnte das weitreichende Folgen haben. Der Arbeitgeber könnte daraus entnehmen, dass die betroffene Person nicht dazu in der Lage ist, ihre Ängste zu kontrollieren, die optimale Ausführung der Arbeitsaufträge ist damit gefährdet. In der Arbeitswelt sind verlässliche Menschen gefragt, die beinahe wie Maschinen arbeiten. Doch insgesamt leiden beinahe 30 Prozent der Menschen in Deutschland zu irgendeinem Zeitpunkt in ihrem Leben an einer psychischen Erkrankung. Es handelt sich damit um einen Anteil, den kein Arbeitgeber unter den Teppich kehren kann.

Dies scheint endlich auch in den Unternehmen angekommen zu sein. Anstatt Menschen zu verurteilen, die an einer psychischen Krankheit leiden, wird zunehmend versucht, die psychischen Beschwerden bereits vor einer Eskalation zu therapieren, damit es zu keinem Totalausfall der betroffenen Person kommt. Dieser Ansatz ist richtig, wenn auch die Motive hierfür im wirtschaftlichen Sektor stärker auf dem Gewinn des Unternehmens basieren. Doch das Resultat ist überaus gut, denn es wird deutlich, dass psychische Erkrankungen immer öfter zur Sprache gebracht werden können.

Die psychische Gesundheit eines Menschen ist jedoch nicht nur für seinen Arbeitgeber von Vorteil. Wer hauptsächlich davon profitiert ist die betroffene Person selbst. Darüber hinaus sollte bedacht werden, dass die meisten psychischen Erkrankungen nicht von einem Tag auf den anderen auftreten. Sie entwickeln sich über Jahre hinweg und wenn jeder von uns auch in seinem Alltag auf seine psychische Gesundheit gibt, dann eskalieren viele Krankheiten nicht, sondern können bereits behandelt werden, bevor sie den weiteren Verlauf des Lebens vollkommen aus der Bahn werfen.

Es folgen sieben Gründe, warum Sie in Ihrem Alltag auf eine gesunde Psyche achten sollten:

- **Gesteigertes Urteilsvermögen:** Wer sich mit seiner psychischen Gesundheit befasst und dabei gewissenhaft selbst reflektiert, der kann nach einiger Zeit sehr gut einschätzen, was ihm gut tut und was ihm schadet. Wer auch im Alltag auf sein inneres Gleichgewicht achtet, der kann erkennen, wenn ein Arbeitsplatz nicht mehr der richtige ist und hat dann keine Angst, solange zu suchen, bis er zufrieden ist. Doch das Urteilsvermögen beschränkt sich selbstverständlich nicht nur auf den Beruf. Wer sich täglich mit seinem psychischen Wohlergehen beschäftigt, der hat auch im Privatleben deutliche Vorteile. Er kann sehr viel besser einschätzen, welches Leben er führen möchte und sich dafür einsetzen, diese Vorstellungen auch tatsächlich umzusetzen.
- **Mehr Erfolg am Arbeitsplatz:** Wenn Sie sich mit Ihrer Gesundheit befassen und sich dabei nicht nur auf die Behandlung Ihrer physischen Beschwerden konzentrieren, dann merken Sie, wie Sie zunehmend ausgeglichener werden. Eine psychisch gesunde Person ist belastbarer, kann ihre Aufgaben am Arbeitsplatz optimal ausführen und ihre Produktivität steigern. Sie ist glücklich, wenn sie morgens zur Arbeit geht und freut sich auf die Arbeitsaufträge, die sie abarbeiten muss.

Sie hat ein gesteigertes Selbstvertrauen, ohne sich dabei zu stark unter Druck zu setzen. Der Umgang mit den Arbeitskollegen, Vorgesetzten und Kunden fällt zwar nicht immer leicht, doch sie kann Probleme überwinden, denn sie befindet sich innerlich in einem stabilen Gleichgewicht.

Herausforderungen stellt sie sich mit innerer Kraft und Stärke, auch wenn diese nicht immer leicht zu überwinden sind. Auf Kritik kann sie eingehen, denn sie weiß, wo ihre Schwächen liegen und arbeitet täglich an sich. Sie kennt ihren Wert am Arbeitsplatz, füllt ihre Rolle vollkommen aus und hat großes Vertrauen in eine positive Zukunft.

- **Hochwertige soziale Kontakte:** Jemand, der psychisch ausgeglichen ist, ist auch für sein soziales Umfeld eine Bereicherung. Dabei ist es selbstverständlich nicht möglich, stets sein eigenes Optimum zu erreichen. Es gibt gute und weniger gute Zeiten, doch wenn man sich aktiv für seine psychische Gesundheit einsetzt, dann können auch große Hindernisse überwunden werden. Wer darauf achtet, seine Psyche im Gleichgewicht zu halten, der umgibt sich weniger häufig mit toxischen Personen. Sollte dies doch einmal der Fall sein, so ist er in der Lage, diese Personen zu identifizieren und sie wieder aus seinem Leben zu entfernen. Auf diese Weise sind Sie nicht nur selbst ein Mensch, der für sein Umfeld einen erheblichen Mehrwert darstellt. Sie achten gleichzeitig darauf, dass Sie niemanden an sich heranlassen, der Sie aus Ihrem psychischen Gleichgewicht reißen könnte. Mit der Zeit entwickeln Sie ein starkes Netz sozialer Kontakte, welches Ihnen in schwierigen Situationen Halt gibt. Gleichzeitig sind Sie selbst in der Lage, Ihre Freunde zu unterstützen, wenn diese Hilfe benötigen.
- **Bessere Partnerschaften:** Niemand ist jemals perfekt, doch wer selber eine stabile Psyche hat, der ist meist ein besserer Partner. Wenn eine Person kontinuierlich an sich arbeitet, dann versucht sie stets,

ein besserer Mensch zu werden. Jemand, der ausgeglichen ist, in sich selbst ruht, sowie seine Stärken und Schwächen kennt. Eine solche Person versucht aktiv, ein besserer Mensch und Partner zu sein. Das ist bereits viel wert. Wenn Sie sich mit Ihrem eigenen psychischen Gleichgewicht auseinandersetzen, Traumata und schlechte Angewohnheiten ablegen, dann können Sie sich viel zufriedener auf die Bedürfnisse Ihres Partners einlassen. Darüber hinaus kennen Sie sich selbst dann sehr genau. Sie wissen, welche Situationen Ihnen Stress bereiten, was Ihnen besonders wichtig ist und in welchen Bereichen Sie keinen Kompromiss eingehen werden. So ist es Ihnen möglich, Ihre Bedürfnisse zu verbalisieren, damit Ihr Gegenüber Sie besser verstehen und auf Sie eingehen kann. Dadurch erkennen Sie schneller, ob Sie mit Ihrem Partner gut zusammenpassen oder ob die Beziehung längerfristig nicht optimal ist. Sie sind in der Lage, kritische Bereiche der Beziehung zu analysieren und Lösungen auszuarbeiten. Menschen, die auch im Alltag großen Wert auf ihr psychisches Wohlergehen legen, sind insgesamt ausgeglichener und zufriedener. Dies zeigt sich auch in einer Partnerschaft.

- **Bessere Eltern sein:** Wenn Sie bereits Kinder haben oder in Zukunft welche bekommen möchten, dann ist Ihre psychische Gesundheit für die Entwicklung Ihrer Kinder überaus wichtig. Gemeint ist damit nicht, dass Sie niemals an einer psychischen Krankheit leiden werden, denn rund 30 Prozent der Bevölkerung machen zu einem Zeitpunkt in ihrem Leben eigene Erfahrungen mit psychischen Erkrankungen. Ziel Ihrer Bemühungen ist nicht, dass Ihre Kinder nicht in Kontakt mit psychischen Krankheiten kommen, denn dies muss schließlich nicht im familiären Kreis passieren. Es kann durchaus vorkommen, dass Kinder über Freundschaften von psychischen Erkrankungen erfahren und so ihre ersten Erfahrungen sammeln.

Wenn Sie sich täglich mit Ihrer psychischen Gesundheit befassen, dann lernen Sie dabei, auf Ihre eigenen Bedürfnisse einzugehen. Sie können nach einiger Zeit erkennen, welche Dinge Ihnen gut tun und welche Ihnen schaden. Dadurch fällt es Ihnen sehr viel leichter, wichtige Entscheidungen zu treffen. Sie achten darauf, trotz Kinder, Arbeit und Alltag nicht in einen Zustand anhaltenden Stresses zu verfallen. Sie sind durch diese Maßnahmen sehr viel ausgeglichener im Alltag. Sie fühlen sich ausgeruht, arbeiten produktiv an Ihren Aufgaben und können sich auf die einzelnen Bestandteile Ihres Lebens konzentrieren, ohne dabei besorgt oder gestresst zu sein.

Gleichzeitig lehren Sie Ihre Kinder, ebenfalls auf ihre psychische Gesundheit zu achten. Sie bringen Ihnen bei, sich nicht von der Gesellschaft in eine Schublade stecken zu lassen, sondern sich für ihr eigenes Wohlergehen einzusetzen. Dabei geben Sie Ihren Kindern nicht nur hilfreiche Ratschläge, sondern leben diese auch selbst. Selbstverständlich kann es sein, dass Sie straucheln und hinfallen. Doch selbst in einem solch schwierigen Moment zeigen Sie Ihren heranwachsenden Kindern, dass aufgeben keine Option ist und das Rückschläge etwas sehr normales sind. Auf diese Weise ziehen Sie Kinder auf, die in sich hineinhören und dabei erkennen können, welche Bedürfnisse sich in ihnen regen. Sie formen Menschen, die später in ihrem Leben selber Entscheidungen für ihr eigenes Wohl treffen können, statt sich von der Gesellschaft herumspielen zu lassen. Das gibt Ihnen als Elternteil eine ganz neue Dimension, denn Sie sorgen nicht nur dafür, dass Ihre Kinder täglich genug zu essen bekommen und in der Schule zurecht kommen, Sie achten auch auf ihr seelisches Wohl und bauen dabei eine innige Beziehung auf, die Sie ein Leben lang verbinden wird.

- **Bessere familiäre Beziehungen:** Jeder von uns ist Mitglied einer Familie. Manchmal umfasst diese viele Menschen, in anderen Fällen ist sie sehr klein. Jede Familie ist einzigartig und besonders. Die Dynamik zwischen Eltern und Kindern, sowie zwischen Geschwistern, ist ebenso individuell wie die Familie selbst. Nicht selten passiert es, dass sich dabei bestimmte Muster einschleichen. Dann kommt es zu Kommunikationsproblemen, die sich über Jahre hinweg verfestigen. Außerdem können sich Traumata entwickeln. Wenn Sie sich im Laufe Ihres Lebens nicht mit Ihren Kindheitserinnerungen und Ihren Ängsten auseinandersetzen, dann beeinflussen diese Sie in Ihrem Alltag. Doch wenn Sie sich aktiv damit beschäftigen, in Ihrem Inneren aufzuräumen, dann können Sie vieles gerade rücken. Vielleicht kämpfen Sie mit einigen Erinnerungen, die Sie seit Ihrer Kindheit verfolgen. Sie sind die Ursache für bestimmte Verhaltensmuster, mit denen Sie täglich kämpfen. Wenn Sie diesen Problemen auf den Grund gehen, dann haben Sie die Möglichkeit, mit Ihren Eltern zu sprechen. Vielleicht decken Sie dabei die wahren Gründe für das damalige Handeln Ihrer Eltern auf und können feststellen, dass Sie die Situationen und die damit verbundenen Erinnerungen heute ganz anders bewerten würden.

  Wenn Sie mit dieser Aufräumarbeit fertig sind, dann haben Sie auch im Erwachsenenalter noch die Möglichkeit, alte Verhaltensmuster aufzubrechen und durch neue Gewohnheiten zu ersetzen.

- **Ein einfacherer Alltag:** Wer seine Psyche gesund hält und täglich pflegt, der ist weitaus zufriedener im Alltag. Wichtige Entscheidungen können in ruhe getroffen werden und fallen leichter, da man seine eigenen Bedürfnisse sehr viel besser kennt. Jemand, der täglich an sich arbeitet, räumt dabei nicht nur die Vergangenheit auf. Er schafft gleichzeitig auch die besten Voraussetzungen für die

Zukunft. Denn wer mit sich im Reinen ist, den erfüllt ein tiefes Gefühl innerer Ruhe. Selbstverständlich kann dieser Zustand nicht immer erreicht werden. Hindernisse und Probleme können unseren Seelenfrieden vorübergehend aus dem Gleichgewicht bringen. Wenn Sie nicht aufpassen, dann nehmen die Sorgen schnell überhand und wachsen an Bedeutung. Befassen Sie sich regelmäßig damit, Ihre eigene seelische Gesundheit zu überprüfen, dann kommen Sie trotz akuter Probleme nicht von dem rechten Weg ab. Sie lernen, Krisensituationen erfolgreich zu meistern, ohne dabei Ihren eigenen Rhythmus vollkommen zu verlieren. Mit dieser Einstellung werden Sie dazu in der Lage sein, Pläne für die Zukunft zu schmieden und diese Schritt für Schritt Wirklichkeit werden zu lassen.

Häufige Ursachen für psychische Krankheiten

Nach den Ursachen für eine psychische Krankheit wird meist erst gesucht, wenn es bereits zu spät ist. Die Erkrankung hat sich dann entwickelt und die Situation ist zugespitzt. Rückwirkend soll dann herausgefunden werden, welche Faktoren zu der Erkrankung geführt haben, um einen Rückfall in der Zukunft vermeiden zu können. Meist dient die Suche nach den eigentlichen Ursachen auch der Therapie selbst. Dann begeben sich Menschen auf die Reise in ihr Inneres, um dabei herauszufinden, welche Faktoren dazu beigetragen haben, dass sich die psychische Krankheit in einem solchen Maß ausbreiten konnte.

Bei einer traditionellen Therapie versuchen die Ärzte vor allem, bestehende Symptome der Krankheit zu behandeln. Ein Patient wendet sich mit Panikattacken an einen Psychologen. Dieser findet heraus, dass die Person an einer Angststörung leidet, die durch Gedankenspiralen, Schweißausbrüche und Panikattacken zum Ausdruck gebracht wird. Zu erst werden die Symptome behandelt, dem Patienten werden Werkzeuge und Tipps mit auf den Weg gegeben, damit er eine aufkommende Panikattacke in Zukunft schneller erkennen und vielleicht sogar abwenden kann.

Erst später wird versucht, die Ursache dieser Beschwerden zu finden. Nach einer ausführlichen Analyse kann es gelingen, den Ursprung der psychischen Erkrankung festzustellen. Dabei fällt auf, dass niemals nur ein einzelner Faktor in die Entwicklung einer psychischen Krankheit hineinspielt. Es ist meist ein Netzwerk aus verschiedenen Ursachen, die in einer bestimmten Verwicklung eintreten und schließlich in einer psychischen Erkrankung münden.

Es handelt sich besonders um soziale, psychologische und biologische Faktoren, die bei der Entwicklung einer psychischen Krankheit eine wichtige Rolle spielen.

- **Schwerwiegende Erlebnisse:** Viele Menschen entwickeln später in ihrem Leben schneller eine Krankheit psychischer Natur, weil sie bereits in jungen Jahren mit schweren Problemen und Belastungen konfrontiert wurden. Diese Hindernisse haben die Psyche der betroffenen Person vielleicht bereits im Kindesalter geprägt. In vielen Fällen handelt es sich um körperliche oder psychische Misshandlungen. Kinder leiden außerdem darunter, den Drogenmissbrauch ihrer Eltern mitzubekommen. Sie können viele Zusammenhänge noch nicht richtig erklären und deuten. Gleichzeitig scheinen Kinder eine Art unsichtbaren Panzer zu haben, der sie durch besonders schwere Situationen trägt. Den empfundenen Schmerz können sie jedoch nicht kanalisieren und verarbeiten. Stattdessen wird er in eine Kapsel gesperrt und bricht zu einem späteren Zeitpunkt wieder hervor. Die betroffene Person merkt oft nicht sofort, dass bestimmte Gedankengänge und Verhaltensmuster ihren Ursprung in Traumata haben, die aus der Kindheit stammen.

Eine große Belastung im Jugendalter zeigt ihre Auswirkungen oft Jahre später. Dann fällt es der betroffenen Person beispielsweise besonders schwer, sich in die Gesellschaft einzugliedern. Die Trennung von einem Liebespartner, der Verlust des Arbeitsplatzes oder andere Probleme können dann zu akuten Krankheitsschüben führen.

- **Erbliche Veranlagungen:** Psychische Krankheiten sind als solche nicht vererbbar. Was jedoch durchaus von den Eltern an die Kinder weitergegeben werden kann ist die Art und Weise, wie das Gehirn Informationen verarbeitet. Einige Menschen sind deshalb verletzlicher als andere. Wenn ein Elternteil an einer psychischen Erkrankung leidet, dann steigt auch die Wahrscheinlichkeit, dass eines der Kinder zu irgendeinem Zeitpunkt seines Lebens an derselben Krankheit leiden wird. Ob die Krankheit tatsächlich ausbrechen wird, das hängt von der Kombination der anderen Faktoren ab. Viele Personen tragen die Veranlagung zu einer psychischen Erkrankung zwar in sich, diese bricht jedoch niemals aus, weil die anderen Einflüsse nicht eintreffen. Es kann beispielsweise verhindert werden, dass die Person in Situationen mit einem hohen Stressniveau gerät. Auch die biologischen Einflüsse, die zur Verschlechterung des Gesundheitszustandes führen, können regelmäßig geprüft werden. Dadurch wird der Ausbruch der psychischen Krankheit verzögert und tritt in vielen Fällen gar nicht ein.

Kommen jedoch mehrere der Faktoren zusammen, so ist eine Erkrankung beinahe unausweichlich. Aus diesem Grund müssen Menschen, die über die erblichen Veranlagungen einer psychischen Krankheit verfügen, besonders gut auf ihre Gesundheit achten und sicherstellen, dass die Voraussetzungen für eine gesunde Zukunft geschaffen werden.

- **Biologische Einflüsse:** Wenn ein Mensch Eindrücke über seine Sinne erfährt, so werden die Informationen im Gehirn durch die Synapsen weitergeleitet. Dabei müssen Kanäle überbrückt werden, die zwischen den einzelnen Synapsen liegen. Hört eine Person ein Geräusch, so wird die Information vom Gehör in das Gehirn geleitet. Zur Überwindung der Kanäle werden Botenstoffe verwendet. Diese transportieren die wahrgenommenen Geräusche vom Sinnesorgan bis in die zentralen Nervensysteme des Gehirns. Sind die Botenstoffe in zu geringer oder zu großer Anzahl vorhanden, so wird der Transport entweder verlangsamt oder beschleunigt. Dies kann zu einer verzerrten Wahrnehmung führen, die wiederum den Ausbruch einer psychischen Erkrankung begünstigt.

  Dieses Ungleichgewicht der Botenstoffe kann durch Psychopharmaka ausgeglichen werden. Hierzu sind eingehende Untersuchungen notwendig, denn das Vorkommen der Botenstoffe lässt sich beispielsweise bei einer detaillierten Analyse des Blutbilds bestimmen. Die Einnahme der Psychopharmaka erfolgt in direkter Absprache mit einem Psychiater. Dieser kann die Blutwerte des Patienten deuten und feststellen, welche Stoffe in zu geringer oder zu großer Menge vorhanden sind.

- **Resilienz:** Die Resilienz beschreibt die Widerstandskraft einer Person. Menschen mit einer großen Widerstandsfähigkeit kommen mit Druck und Belastungen besser zurecht als andere. Es kann deshalb passieren, dass eine Person im Jugendalter sehr verstörende Ereignisse miterlebt und trotzdem im Verlauf seines Lebens nicht krank wird. Selbst bei schlimmen Erlebnissen und Hindernissen bewahren diese Personen die Ruhe. Sie lassen sich nicht in einen schweren Zustand von Stress versetzen, was sie vor dem Ausbruch einer psychischen Krankheit bewahrt. Personen mit einer geringen Widerstandsfähigkeit sind hingegen besonders angreifbar. Bereits kleine Herausforderungen und Probleme lassen sie zögern und schwanken, viele straucheln schon bei dem geringsten Widerstand und geraten auf diese Art und Weise in Panikzustände. Sie entwickeln Ängste und sind angreifbarer für psychische Krankheiten. Die Widerstandsfähigkeit lässt sich trainieren. Aus diesem Grund ist es wichtig, seine Schwächen und Problemzonen zu kennen und an diesen täglich zu arbeiten.

- **Vulnerabilität:** Die Vulnerabilität beschreibt die Verletzlichkeit einer Person. Im Volksmund wird oft gesagt, der Mensch habe eine dünne Haut, wenn er besonders vulnerabel ist. Betroffene Personen sind häufig emotionaler und empfindsamer. Belastende Situationen versetzen sie schnell in Stress und sie fühlen sich allgemein von den Problemen des Lebens angegriffen. Menschen mit einer geringen Vulnerabilität sind emotional stabiler. Auch wenn sich ihnen Hindernisse in den Weg stellen, brechen sie unter der Last nicht sofort zusammen. Sie nehmen Herausforderungen an und können auch mit belastenden Situationen recht gut umgehen. Wie vulnerabel ein Mensch ist hängt unter anderem von der Arbeitsweise des Gehirns ab und ist deshalb bei vielen Personen angeboren. Wer erkennt, dass er besonders vulnerabel ist, der kann sich stabile Verhaltensmuster antrainieren. Mit diesen lässt sich die Verletzlichkeit nach und nach verringern, sodass man schließlich in der Lage ist, auch bei Herausforderungen nicht sofort in Panik zu verfallen. Stattdessen sucht man dann an einer Lösung, durch welche man einen Krankheitsschub verhindern kann.

Immer mehr Wissenschaftler gehen davon aus, dass psychische Erkrankungen nicht allein auf die Psyche zurückzuführen sind. Eine Studie in Kanada hat vor kurzer Zeit ergeben, dass Menschen, die sich in einer akuten Depression befanden, einen stark gesteigerten

Entzündungsparameter im Gehirn aufwiesen. Wodurch dieser Parameter beeinflusst wird, soll in den nächsten Jahren weiter erforscht werden.

Auch Stress führt zu Depressionen. Befindet sich eine Person in einer belastenden Situation, so wird das Stresshormon Cortisol ausgeschüttet. Dies stellt eine Belastung für das Immunsystem dar, denn wenn der Stress anhält, so sinkt die Empfindlichkeit des Körpers in Bezug auf den Cortisolspiegel. Der Stoffwechsel und das Immunsystem werden geschwächt, sodass sich Entzündungsherde ausbreiten können. Stoffwechselstörungen können ebenfalls eine der Ursachen für eine psychische Erkrankung sein. Selbst wenn sie nicht der alleinige Faktor sind, so können sie doch eine bedeutende Verschlechterung des Gesundheitszustands bewirken. Aus diesem Grund überprüfen viele Ärzte heute den Stoffwechsel einer Person, ehe sie eine endgültige Diagnose der Krankheit, sowie ihrer Ursachen, stellen. Insgesamt wird heute nicht mehr angenommen, dass für die Entwicklung psychischer Krankheiten ausschließlich psychische Ursachen zuständig sind. Deshalb wird es immer wichtiger, die Krankheiten in das Gesamtbild des Gesundheitszustands der betroffenen Person einzubetten, um einen wahrheitsgemäßen Überblick erhalten zu können. Dabei werden auch die körperlichen Beschwerden der Patienten mit einbezogen.

Tipps und Tricks, um das eigene Gleichgewicht zu finden

Wer bereits an einer schwerwiegenden psychischen Krankheit leidet und starke Einschränkungen in seinem Alltag feststellen muss, der sollte sich unbedingt ärztlich betreuen lassen. Doch oft können die Vorboten eines psychischen Ungleichgewichts bereits vor dem Ausbruch der tatsächlichen Krankheit erkannt werden. Dann ist es möglich, diese Symptome rechtzeitig in Angriff zu nehmen, damit es gar nicht erst zu einer Eskalation kommt.

Viele Menschen verharren in einer Situation, obwohl sie mit dieser nicht zufrieden sind. Dabei vergessen sie jedoch, dass die Gesamtzahl unserer Tage letztendlich unser Leben ausmacht. Wer nicht täglich auf sein Wohlergehen achtet, bei dem können die negativen Momente überhand gewinnen. Später bereut diese Person, nicht vorher gehandelt zu haben. Sie hat durch ihr ausharrendes Verhalten viele Möglichkeiten verpasst und findet sich nun in einem Leben wieder, mit dem sie unzufrieden ist. Es ist selbstverständlich nie zu spät für eine Besserung, doch viele Tage des eigenen Lebens wurden dann bereits mit Erlebnissen gefüllt, die einen bitteren Nachgeschmack hinterließen. Jeder Tag in unserem Leben zählt, jede Sekunde füllen wir mit Aktionen, die später zu positiven oder negativen Erinnerungen werden. Wenn wir auf unsere Psyche achten, dann beginnen wir damit, auch unseren Alltag wertzuschätzen. Füllen wir jeden Tag mit positiven Erlebnissen und Erfahrungen, dann können wir später auf ein erfülltes Leben zurückblicken. Bei den Erinnerungen an vergangene Momente fühlen wir uns gut, wir freuen uns darüber, was wir bereits alles erlebt haben und sind gespannt, was die Zukunft noch mit sich bringen mag.

Oft können sich Personen dabei ertappen, wie sie sich mit einer bestimmten Lebenssituation abfinden. Ihre Begründung ist in vielen Fällen, dass es sich ja nur um einen Lebensabschnitt handele. Vergessen wird jedoch, dass unser Leben aus der Aneinanderreihung verschiedener Lebensabschnitte besteht. Als Beispiel kann an dieser Stelle eine Person genannt werden, die davon ausgeht, dass sie in ihrer jetzigen Wohnung nur vorübergehend wohnen wird. Sie vergeudet keinen Gedanken daran, die Wände frisch zu streichen und die Wohnung mit schönen Möbeln einzurichten, denn sie möchte ja bereits nach kurzer Zeit wieder ausziehen. Doch das Leben kommt wie so oft anders und letztendlich dauert es ganze fünf Jahre, bis die Person in eine andere Wohnung umzieht. Zu erst denkt sie, dies sei nicht weiter schlimm. Der Lebensabschnitt kann endlich abgeschlossen werden und die nächste Phase beginnt in einer neuen Wohnung. Doch rückblickend fällt der Person auf, dass sie ganze fünf Jahre in einer Wohnung verbracht hat, in der sie sich nicht zu Hause fühlte. Die Erinnerungen an diese Zeit wären sehr viel positiver, wenn sich die betroffene Person nicht für eine vorübergehende Lebensweise entschieden hätte, sondern sich stattdessen schön eingerichtet hätte.

Dieses Beispiel kann ebenso für einen Arbeitsplatz gelten, an welchem man sich bereits ab dem ersten Tag nicht wohlfühlt und dennoch einige Jahre vergehen müssen, ehe man endlich abschließen und einen neuen Lebensabschnitt beginnen kann.

Der seelische Zustand einer Person leidet, wenn sie in einem oder mehreren Bereichen ihres Lebens eine Baustelle offen lässt. Kann diese nach kurzer Zeit behoben werden, so hat sie womöglich keine weitreichenden Auswirkungen auf die psychische Gesundheit. Bleibt sie jedoch über mehrere Monate oder gar Jahre bestehen, so weitet sie sich aus, bis die Person einen wachsenden Druck in der Brust spürt. Werden die Anzeichen des Unwohlseins weiter ignoriert, dann spitzt sich die Situation zu, bis die betroffene Person eines Tages nicht mehr in dem Zustand leben kann und aus diesem ausbricht. Dieses Szenario nimmt häufig eine Größenordnung an, die es unter normalen Umständen nicht gehabt hätte. Im Nachhinein steht die Person vor einem Scherbenhaufen, denn um aus der einen Baustelle auszubrechen, mussten an anderer Stelle mehrere neue aufgerissen werden.

Wer auch im Alltag kontinuierlich an seinem psychischen Gleichgewicht arbeitet, der kann solche Ausnahmesituationen frühzeitig erkennen und Maßnahmen ergreifen, um eine Eskalation der Zustände zu verhindern. Es gibt einige Tricks, die sich problemlos in den Alltag integrieren lassen. Manche von ihnen mögen banal erscheinen, zeigen jedoch eine überaus große Wirkung.

- **Gesunde Schlafgewohnheiten etablieren:** Wer nicht richtig schläft, der leidet vermehrt an Kopfschmerzen, Verspannungen und Konzentrationsschwäche. Schlafentzug, der über mehrere Tage oder gar Wochen anhält, kann zu Depressionen und anderen psychischen Erkrankungen führen. Ein ungleichmäßiger Schlafrhythmus stört den Stoffwechsel, was Krankheitsschübe verursachen kann. Aus diesem Grund sollten Sie stets darauf achten, ausreichend Schlaf zu bekommen. Selbstverständlich kann es sein, dass Sie auf Grund einer Ausnahme in einer Nacht weniger schlafen als gewöhnlich. Dies führt meist keine weitreichenden Folgen mit sich. Regelmäßiger Schlafentzug kann hingegen verheerend sein.

  Wichtig ist nicht nur die Dauer des Schlafes, sondern auch seine Qualität. Wenn Sie ab etwa 30 Minuten vor dem Einschlafen keine elektronischen Geräte mehr verwenden, dann geben Sie Ihrem Gehirn die Möglichkeit, sich langsam auf die Nachtruhe einzustellen. Der Schlaf wird dadurch sehr viel erholsamer. Sie werden bemerken, dass Sie weniger Schwierigkeiten mit dem Einschlafen haben und sich am Morgen deutlich erholter fühlen. Nehmen Sie sich ausreichend Zeit, um Ihren Schlaf zu analysieren und herauszufinden, wie viele Stunden Sie nachts benötigen, damit Ihr Körper optimal funktionieren kann. Jeder Mensch ist unterschiedlich und während einige etwa acht Stunden in der Nacht schlafen müssen, reichen sechs Stunden bei anderen bereits aus.

  Sie werden bemerken, dass Sie sich mit einer gesunden Schlafhygiene sehr viel ausgeruhter fühlen und dies unter anderem positive Auswirkungen auf Ihre Produktivität und Ihre Konzentrationsfähigkeiten hat.

- **Einführung einer ausgewogenen Ernährung:** Wenn Sie Lebensmittel zu sich nehmen, dann sollte dies nicht allein der Grundversorgung Ihres Körpers dienen. Mit der Zeit werden Sie ein ausgezeichnetes Feingefühl für die Bedürfnisse Ihres Körpers entwickeln und lernen, diese zu befriedigen. Ein Vitamin- oder Mineralstoffmangel hat oft schwerwiegende Auswirkungen auf den Stoffwechsel und den Kreislauf. Dies wiederum kann die Entwicklung psychischer Krankheiten begünstigen. Nehmen Sie sich die Zeit, mehrere Ernährungsformen auszuprobieren, bis Sie schließlich diejenige finden, die am besten zu Ihrem Körper und Ihrem Lebensstil passt. Dies kann durchaus mehrere Monate bis Jahre in Anspruch nehmen, denn Sie müssen bei Ihrer Suche nach der optimalen Ernährungsweise möglicherweise mehrere Ernährungsformen und Diäten ausprobieren.

  Verzehren Sie zu viel raffinierten Zucker, dann kann dies den Stoffwechsel durcheinander bringen, Entzündungen fördern und eine Erkrankung an Diabetes Typ 2 einleiten. Diese Begebenheiten können durchaus Auswirkungen auf die psychische Gesundheit haben. Oft kann bereits der Verzicht auf Zucker, sowie die verstärkte Einbindung von frischem Gemüse und Eiweißquellen dazu führen, dass sich sowohl die physische als auch die psychische Gesundheit deutlich verbessert. Dies führt dazu, dass Sie aktiver an Ihrem Alltag teilhaben können, konzentrierter arbeiten und ihre Produktivität dadurch steigern können, ohne in einen Zustand von akutem Stress zu geraten.

- **Entspannungstechniken anwenden:** Besonders in der asiatischen Kultur lassen sich unterschiedliche Entspannungstechniken finden. Sie können sich über verschiedene Techniken informieren und diese ausprobieren, ehe Sie eine Entscheidung treffen. Selbstverständlich lassen sich verschiedene Techniken auch problemlos kombinieren. Im

Mittelpunkt stehen Sie selbst und die Übungen sollen Ihnen dabei helfen, in gezielten Momenten besser zu sich zu finden. Dadurch können Sie sich etwas entspannen, wenn es im Haushalt oder am Arbeitsplatz gerade besonders anstrengend ist. Sie können bestimmte Übungen jedoch auch einsetzen, um beispielsweise eine aufkommende Panikattacke zu lindern und abzuwehren. Atemübungen können durchaus dabei helfen, in Momenten der Panik und Angst wieder in den Zustand des „hier und jetzt" zurückzufinden.

Eine sehr leichte Übung, die sich problemlos durchführen lässt, besteht aus folgenden Schritten: Im ersten Teil der Übung schließen Sie die Augen und atmen konzentriert in Ihren Bauch hinein. Dies tun Sie fünf Atemzüge lang, wobei Sie versuchen, an nichts anderes zu denken. Anschließend konzentrieren Sie sich auf Ihre Füße, die fest auf dem Boden stehen. Sie denken an die Temperatur des Fußbodens, an seine Haptik und daran, wie sich Ihre Füße auf dem Boden anfühlen. Im dritten und letzten Schritt beginnen Sie damit, langsam auf und ab zu gehen. Dabei konzentrieren Sie sich darauf, wie sich ihre Füße und Beine beim Gehen anfühlen und welche Dinge Sie währenddessen wahrnehmen. Wenn Sie drei Minuten umher gegangen sind, dann können Sie die Übung beenden. Fühlen Sie einmal in sich hinein, wie es Ihnen nach dieser Entspannungsübung geht. Möglicherweise schaffen Sie es mit dieser Technik bereits nach einigen Versuchen, aufkeimende Panikattacken rechtzeitig abzufangen und von sich fort zu schicken.

- **Regelmäßig Sport treiben:** Wer sich sportlich betätigt, der hält seinen Körper und seinen Geist fit. Es gibt unzählige verschiedene Sportarten. Wichtig ist lediglich, dass Sie der Bewegung Ihrer Muskeln ausreichend Beachtung schenken und verschiedene Sportarten ausprobieren, bis Sie die gefunden haben, die Ihnen am meisten Spaß macht. Achten Sie stets darauf, die Übungen und Bewegungsabläufe korrekt auszuführen, damit Sie das Verletzungsrisiko so weit wie möglich senken können. Beim Sport schüttet der Körper Endorphine aus. Diese allein heben die Stimmung bereits deutlich. Die Bewegung sorgt für einen körperlichen Ausgleich. Dies ist besonders dann wichtig, wenn Sie einen Großteil des Tages an einem Schreibtisch verbringen. Sport gibt Ihnen die Möglichkeit, das Gehirn und die Gedankenspiralen auszuschalten und sich einzig und allein auf die korrekte Ausübung der Bewegungen zu konzentrieren. Sie werden feststellen, dass Ihnen das Einschlafen nach einem guten Workout sehr viel einfacher fällt und Sie in einen tieferen Schlaf fallen.

Sport regt den Stoffwechsel und den Kreislauf an, wodurch Kreislaufbeschwerden und Stoffwechselstörungen verhindert werden können. Außerdem haben Sie die Möglichkeit, einen Mannschaftssport auszuüben, bei welchem es Ihnen nicht allein um die körperliche Bewegung geht, sondern auch um die Teambildung und die sozialen Kontakte.

- **Vertrauensvolle Bezugspersonen:** Soziale Kontakte sind sehr wichtig. Wenn Sie sich allein fühlen und keinen Austausch mit anderen Menschen stattfindet, dann wächst das Risiko, in Gedankenspiralen einzusteigen. Aus diesem Grund sollten Sie unbedingt Mitmenschen finden, denen Sie vertrauen können. Wenn Sie sich in einer schwierigen Situation befinden, dann können Sie diese mit Ihren Bezugspersonen besprechen. Dabei verbalisieren Sie Ihre eigenen Gedanken, haben jedoch gleichzeitig auch die Möglichkeit, von Ihrer anfänglichen Einschätzung abzukommen und ganz neue Erkenntnisse zu haben. Es sollte sich um Menschen handeln, deren Urteilsvermögen Sie nicht bezweifeln. Ein solch starkes Netz aus liebevollen und respektvollen Menschen kann Ihnen in schwierigen Situationen den entscheidenden Rückhalt geben, der Sie möglicherweise vor dem Ausbruch einer psychischen Erkrankung bewahrt.

- **Eine aufrichtige Kommunikation mit den Mitmenschen führen:** Lassen Sie sich nicht in Intrigen verwickeln. Viele Probleme kommen dann auf, wenn die Kommunikation zwischen mehreren Menschen nicht funktioniert. Missverständnisse und Diskussionen können selbstverständlich nicht immer verhindert werden. Doch wenn Sie sich darum bemühen, solche Kommunikationsprobleme aufzudecken und offen zu besprechen, dann können Sie Auseinandersetzungen und Streitgespräche häufig umgehen. Dies trifft nicht nur auf fremde Menschen oder Freunde zu, sondern ebenso auf ein Liebespaar. Wenn Meinungsverschiedenheiten und andere Probleme im Raum stehen, dann kann dies ein seelisches Ungleichgewicht zur Folge haben. Wenn Sie ungeklärte Themen klar und deutlich aussprechen, ohne dabei die Teamarbeit als Liebespaar zu stören, dann können Sie die meisten Probleme recht einfach klären und Ihren Seelenfrieden dadurch wieder herstellen.

  Sie können nicht direkt beeinflussen, wie Ihr Gegenüber reagieren wird. Aus diesem Grund ist es wichtig, dass Sie sich von den Worten und unvorhersehbaren Reaktionen Ihrer Mitmenschen freimachen, damit Sie sich von diesen nicht emotional abhängig machen. Dies ist nicht immer einfach, Sie können es jedoch aktiv üben und werden dabei bereits recht schnell deutliche Fortschritte erkennen können.

- **Streichen Sie toxische Menschen aus Ihrem Leben:** Grundsätzlich ist es hilfreich, wenn Sie fremden Mitmenschen gegenüber aufgeschlossen und unvoreingenommen sind. Wenn Sie eine Person näher kennenlernen und dabei feststellen müssen, dass dieser Mensch nicht in Ihr Leben passt, dass er nicht aufrichtig mit Ihnen umgeht,

Sie belügt, ausnutzt oder anderweitig manipuliert, dann müssen Sie diesen Menschen leider aus Ihrem Leben streichen. Selbstverständlich ist es von Vorteil, wenn Sie hierbei diplomatisch bleiben. Wenn eine Person dazu neigt, stets Konflikte heraufzubeschwören und dabei deutlich wird, dass besagte Person keine guten Absichten mit Ihnen hat, so sollten Sie sich an diesen Menschen nicht emotional binden. Das fällt nicht immer leicht, denn wir neigen dazu, den anderen noch eine zweite und dritte Chance geben zu wollen. Doch Sie sollten dabei niemals riskieren, Ihren eigenen Seelenfrieden zu für jemanden aufzugeben, der Ihre Zuneigung und Ihre Bemühungen nicht zu schätzen weiß.

Wann und von wem braucht man Hilfe?

Grundsätzlich lässt sich beobachten, dass Frauen weitaus schneller zum Arzt gehen als Männer. Dies mag daran liegen, dass sich Männer aus biologischen Gründen als die harten Kerle sehen, die Schmerzen weniger gerne zugeben und sie vielleicht auch erst später als erkennen.

Bei Depressionen und Angststörungen fällt es leichter, einen Arzt aufzusuchen. Man bemerkt, dass die psychische Gesundheit leidet und es scheint der nächste, vollkommen normale Schritt zu sein, professionelle Hilfe zu suchen. Bei anderen Krankheiten tritt diese Erkenntnis beim Patienten jedoch nicht so schnell ein. Es dauert dann oft Jahre, bis professionelle Hilfe gesucht wird. In vielen Fällen hat sich die Krankheit bis zu diesem Zeitpunkt stark zugespitzt und die Situation ist bereits eskaliert. Das ist für alle betroffenen Personen, sowohl die erkrankte Person als auch die Angehörigen, mehr als schmerzhaft und kann durchaus langfristige Konsequenzen mit sich führen.

Wenn man bereits eine diagnostizierte Krankheit hat, so sollte man die Behandlung durch einen Spezialisten keineswegs schleifen lassen. Es kommt durchaus vor, dass ein Patient nach einem akuten Krankheitsschub aus dem Krankenhaus entlassen wird und daraufhin eine Therapie bei einem Psychologen beginnt, die durch eine medikamentöse Behandlung in Betreuung eines Psychiaters vervollständigt wird. Ist der akute Krankheitsschub überwunden, so spielt der Patient mit dem Gedanken, die Medikamente wegzulassen. Er geht davon aus, dass er auch ohne sie zurechtkommt und möchte nicht mit der Vorstellung leben, von Medikamenten abhängig zu sein. Dies hat jedoch verheerende Folgen, denn der Psychiater verschreibt die Medikamente nach eingehender Untersuchung des Blutspiegels. Wie in einem anderen Kapitel dieses Buches bereits angesprochen wurde, haben die biologischen Faktoren einen großen Einfluss auf die Entwicklung einer psychischen Krankheit. Wenn die Medikamente optimal auf den Patienten eingestellt werden, dann halten sie die Blutwerte in einem Normalbereich, was den weiteren Verlauf der Krankheit maßgeblich positiv beeinflusst. In der Gesellschaft sind die Vorurteile gegenüber Antidepressiva und anderen Psychopharmaka jedoch weiterhin vorhanden. Nimmt ein Mensch Tabletten, weil er eine Schilddrüsenstörung hat, so löst das jedoch keine Verwunderung und kein Entsetzen bei den Mitmenschen aus. Ebenso verhält es sich mit Insulinspritzen, die sich ein Diabetes Patient verabreichen muss. In diesem Bereich ist in der Gesellschaft noch einiges zu ändern und dies wird nicht über Nacht geschehen. Wenn jeder von uns seinen Teil dazu beiträgt, sich informiert und Vorurteile aus der Welt schafft, dann können wir gemeinsam jedoch durchaus erreichen, dass psychische Krankheiten in Zukunft weniger Aufsehen erregen und kein Tabu Thema mehr sind.

Wenn eine psychische Erkrankung bereits diagnostiziert wurde, dann ist die Behandlung und Betreuung durch einen Arzt meist der nächste logische Schritt. Doch wie ist es bei Menschen, die bisher noch keinen direkten Kontakt zu einer psychischen Krankheit hatten und deshalb nicht wissen, ob sie bereits Hilfe von einem Fachmann brauchen?

Eigentlich verhält es sich wie bei physischen Erkrankungen auch. Wenn Sie an einem Morgen aufwachen und starke Kopfschmerzen verspüren, so machen Sie sich vorerst keine weiteren Gedanken. Es kann sein, dass Sie in der Nacht falsch gelegen haben und deshalb verspannt sind. Vielleicht ist auch der Wetterumschwung schuld oder Sie haben am Vortag nicht genug Flüssigkeit zu sich genommen. Wenn die Schmerzen sehr stark sind, nehmen Sie womöglich eine Schmerztablette, ansonsten warten Sie erst einmal ab, wie sich die Kopfschmerzen im Laufe des Tages entwickeln. Wenn die Schmerzen nach einigen Tagen immer noch vorhanden sind und Sie keine eindeutige Ursache dafür erkennen können, dann werden Sie sicherlich einen Termin bei Ihrem Hausarzt machen, um den Beschwerden auf den Grund zu gehen und schnellstmöglich eine wirkungsvolle Behandlung zu finden. Es kann auch durchaus sein, dass Sie die Ursache selbst finden. Viele Frauen leiden einige Tage vor dem Einsetzen ihrer Menstruation unter starken Kopfschmerzen. Oder aber die Luftfeuchtigkeit und die Wärme des Sommers machen Ihnen zu schaffen. Es handelt sich hierbei um akute Probleme, die bei Ihnen Beschwerden auslösen, nach einigen Tagen jedoch wieder verschwinden.

Ähnlich verhält es sich auch mit psychischen Gebrechen. Wenn Sie feststellen, dass Ihre Gedanken immer öfter eine unerwünschte Richtung einschlagen, dann sollten Sie diese Entwicklung unbedingt beobachten. Finden Sie die Ursache für Ihren Stress und Ihre Sorgen oder negativen Gedanken, dann müssen Sie sich mit diesen näher auseinandersetzen. Handelt es sich um akute Probleme, deren Lösung bereits in Sicht ist, so können Sie auch davon ausgehen, dass sich Ihr psychisches Gleichgewicht wieder einpendeln wird. Leiden Sie jedoch vermehrt unter Gedanken, die

Sie in Ihrem Alltag und Ihren Aktivitäten einschränken, dann benötigen Sie womöglich Hilfe von einem Spezialisten.

Zu welchem Zeitpunkt Sie einen Arzt aufsuchen sollten, dass lässt sich nicht pauschal sagen. Einige Menschen sind resilient. Sie können auch mit akuten Problemen umgehen, ohne sich von diesen aus der Bahn werfen zu lassen. Andere Personen sind hingegen besonders verletzlich. Bereits kleine Zwischenfälle bringen sie aus dem Gleichgewicht.

Auch das soziale Sicherheitsnetz ist von großer Bedeutung. Sie müssen gute Ratschläge nicht immer bei einem Arzt suchen. Wenn Sie sich mit Ihrem sozialen Umfeld austauschen und dabei auch über Ihre Gefühle ehrlich sprechen können, so werden Sie womöglich erkennen können, dass Ihnen auch die Beobachtungen und Ratschläge Ihrer Familie oder Freunde in vielen Situationen weiterhelfen können. Dann werden akute Ängste abgefangen, bevor sie eskalieren können.

Nichtsdestotrotz ist es eigentlich immer gut, auch ohne ein akutes Problem oder einen Krankheitsschub bereits nach einem Psychologen zu suchen. Es handelt sich hierbei um ein sehr spezielles Thema, die Behandlung benötigt eine gute Chemie zwischen Arzt und Patient. Dies ist vergleichbar mit einem Besuch beim Gynäkologen oder Urologen. Sie gehen regelmäßig zu einem Kontrolltermin, selbst wenn keine akuten Beschwerden bestehen. Dabei stellen Sie sicher, dass Sie gesund sind und Sie stellen sicher, dass Sie sich bei dem Arzt oder der Ärztin gut aufgehoben fühlen. Kommt es dann zu einem Problem und Sie benötigen ärztliche Hilfe, so haben Sie bereits einen Arzt, dem Sie vertrauen.

Psychologen und auch Psychiater haben meist einen sehr engen Terminkalender. Dennoch sollten Sie sich auf die Suche nach einem Arzt machen, dem Sie vertrauen können, wenn Sie merken, dass Sie häufiger aus dem Gleichgewicht geraten und dann ärztlichen Rat benötigen.

Eskaliert eine Situation oder Sie werden Opfer eines Krankheitsschubs, so haben Sie bereits einen Arzt, dem Sie vertrauen können. Dieser kennt Ihre Vorgeschichte und Ihre Probleme und kann weitaus schneller eine treffende Diagnose stellen als jemand, den Sie gerade erst kennenlernen.

Spitzt sich ein Problem besonders zu, so ist der Besuch einer Klinik manchmal unausweichlich. Auch in diesem Fall ist es von Vorteil, wenn Sie bereits in ärztlicher Betreuung sind und der Arzt Ihres Vertrauens Informationen an das zuständige Personal im Krankenhaus weitergeben kann.

Im Mittelpunkt steht Ihre Gesundheit, die möglichst schnell wieder hergestellt werden soll. Dies gelingt, wenn Sie sich den Ärzten öffnen und Ihre gesundheitlichen Probleme nicht verschweigen.

In der Gesellschaft werden Menschen, die einen Psychologen aufsuchen, häufig als „schwach" eingestuft. Die Wahrheit ist jedoch, dass Sie sich eingehend mit sich selbst und Ihrer körperlichen wie seelischen Gesundheit befassen. Wenn Sie dabei ein Problem feststellen können, dann machen Sie sich daran, dieses bewusst anzugehen und zu beheben. Es ist vollkommen normal, hierzu einen Fachmann zu Rate zu ziehen. Ungesund ist es hingegen, Sorgen in sich hinein zu fressen, Ängste unter den Teppich zu kehren und ein psychisches Ungleichgewicht verstecken zu wollen. Wer sich ärztliche Hilfe sucht, der kümmert sich um seinen Körper und seine Psyche, geht Problemen auf den Grund und setzt sich aktiv für seine eigene Gesundheit ein. Dies ist keineswegs verwerflich und sollte auch von niemandem als lächerlich abgestempelt werden.

Zu welchem Zeitpunkt ein Arzt unabdingbar wird, das kann nicht pauschalisiert werden. Schließlich ist jeder Mensch anders. Selbst wenn Sie ein starkes soziales Netzwerk haben und sich auf Ihre Freunde und Ihre Familie verlassen können, so werden diese stets nur einen Bruchteil

Ihrer Gedankenwelt verstehen können. Wenn Sie feststellen, dass Sie zunehmend eine Last auf Ihrem Herzen spüren, sich nicht konzentrieren können, weniger Freude am Leben haben und von Ängsten geplagt werden, dann ist ein Besuch bei einem Psychologen durchaus zu empfehlen. Sie müssen bei diesem auch nicht unbedingt eine tiefgründige Analyse durchführen lassen. Es kann durchaus sein, dass es für Sie eine große Hilfe ist, wenn Sie lernen, wie Sie mit bestimmten Situationen besser umgehen können. Ein Arzt kann Ihnen verschiedene Techniken beibringen, mit deren Hilfe Sie Stress bewältigen können. Auch eine aufkommende Panikattacke lässt sich mit bestimmten Mitteln abwehren. Wenn Sie sich genau unter die Lupe nehmen und Ihre Ängste und die Auslöser für Stress kennen, dann können Sie diese im Alltag erfolgreich umgehen. Bei der Entwicklung einer solchen Strategie kann Ihnen ein Arzt tatkräftig zur Seite stehen.

ZWISCHENMENSCHLICHE PSYCHOLOGIE

Kommunikation

Nicht nur Menschen haben die Möglichkeit zu kommunizieren. Auch Tiere tun dies mit Hilfe unterschiedlicher Laute und Bewegungen. Da ihre sprachlichen Mittel nicht so weit ausgebildet sind die wie der Menschen, konzentrieren sich Tiere bei ihrer Kommunikation vor allem auf die Körpersprache. Hierzu gehört das Anspannen der Muskeln, der persönliche Abstand zu anderen und die Position der Gliedmaßen und des Kopfes.

Auch der Mensch kommuniziert mit Hilfe von Körpersprache, hat darüber hinaus jedoch noch andere Mittel entwickelt, die als Werkzeuge der Kommunikation bekannt sind. Hierbei kann zum Beispiel zwischen natürlichen und technischen Mitteln unterschieden werden. Unter den Begriff der Technik fallen in diesem Zusammenhang elektronische Geräte wie das Telefon oder der Computer, auch das Texten von Nachrichten mit Hilfe eines Smartphones hat heute einen großen Einfluss auf unsere Kommunikation. Es ist jedoch gar nicht notwendig, so weit in den Bereich komplexer Gerätschaften hineinzugehen. Bereits der Vorgang, einen Stift in die Hand zu nehmen, um damit Buchstaben auf ein Papier zu schreiben, fällt unter den Vorgang der Kommunikation mit Hilfe von technischen Mitteln. Wir können Bücher und Zeitschriften schreiben, in großen Mengen drucken lassen und auf diese Weise Ideen und Gedanken an ein großes Publikum weitergeben. Viele von uns nutzen heute Emails oder soziale Netzwerke, um mit Mitmenschen oder Geschäftspartnern zu kommunizieren. Je nach Kanal passen wir ganz automatisch auch unsere Wortwahl, unseren Tonfall und die Länge der Nachrichten an.

Die natürlichen Kommunikationsmittel kommen ohne durch Menschenhand geschaffene Hilfsmittel aus. Zu ihnen gehören unter anderem unsere Sprache, die sich je nach Kultur oder Region unterscheidet, sowie verschiedene Laute, Gesichtsausdrücke, unsere Körpersprache und andere Kommunikationsmittel. Sich mit Hilfe eines bestimmten Kleidungsstils auszudrücken, fällt beispielsweise ebenfalls unter den Oberbegriff der Kommunikation. Die nonverbalen Kommunikationsmittel überwiegen, denn auch wenn die verbale Kommunikation auf Grund ihrer Lautstärke auffällig ist, senden wir die meisten Signale über nonverbale Kanäle an unsere Mitmenschen aus.

Einige wenige Mittel sind angeboren, die meisten werden hingegen im Laufe des Leben erlernt. Hierzu gehören bestimmte Gesten und Gesichtsausdrücke, sowie Laute. Zu der verbalen Kommunikation gehören all die Botschaften, die wir als Menschen mit unserem Mund formen und mit den Ohren aufnehmen. Hierbei gibt es mindestens zwei Personen, die sich in einem Kommunikationsprozess, beispielsweise einem Gespräch, befinden. Es kann jedoch auch sein, dass Sie sich in einem Gespräch mit weitaus mehr Menschen befinden. Dann greifen verschiedene Regeln, damit eine solche Versammlung nicht in einem Chaos aus Gedanken und Aussagen untergeht. Sie nehmen während des Kommunikationsprozesses unterschiedliche Rollen ein. Die zwei Hauptrollen beschreiben den Absender und den Empfänger der Aussagen. Je nach Form des Gesprächs befinden Sie sich entweder auf der einen oder auf der anderen Seite. Bei Alltagsgesprächen wechseln Ihre Rollen ständig.

Alle drei Szenarien können durch folgende Beispiele verdeutlicht werden. Wenn eine Person eine Rede halten muss, so befindet sie sich in der Position des Absenders, während sich das Publikum in der Rolle des Empfängers wiederfindet. Der Redner bestimmt den Verlauf des Gesprächs weitestgehend und breitet seine Gedanken und Ideen vor dem Publikum aus. Dieses soll im ersten Moment erst einmal nur zuhören, reagiert jedoch dennoch in Form von Ausrufen oder Klatschen. Hierdurch kann der Redner bereits einen ersten Eindruck davon erhalten, welche Emotionen und Reaktionen er durch seine Worte beim Publikum auslöst. Die Personen, die sich im Publikum befinden, können zwar einige spontane Reaktionen zum Ausdruck bringen, die zum Großteil nonverbaler Natur sind, entscheiden dabei aber nicht über die Richtung des Gesprächs. Es findet kein ausgewogener Austausch von Gedanken statt.

Im Alltag kommen diese Szenarien auch vor, dann etwa, wenn die Mutter ihrem Kind eine Standpauke hält, wenn der Lehrer seinen Schülern einen Vortrag hält oder wenn der Arbeitgeber seinem Angestellten einen Arbeitsauftrag zuteilt. Die Gedanken des Absenders können klar und deutlich formuliert werden, denn sie werden nicht durch neue Ideen und Einschübe in eine andere Bahn gelenkt.

Häufig sind Gespräche im Alltag jedoch ausgewogener. Dann etwa, wenn sich zwei Freunde unterhalten, wenn ein Liebespaar seinen nächsten Urlaub plant oder Geschwister darüber entscheiden, was sie spielen wollen. Der Sprung von der Rolle des Absenders hin zu Rolle des Empfängers geschieht oft unbewusst, sodass sich eine Dynamik entwickelt. Wie gut diese Dynamik funktioniert entscheidet maßgeblich über den weiteren Verlauf eines Gesprächs. Möchte ein Elternteil einen regen Gedankenaustausch mit einem seiner Kinder erreichen, so ist dies nur möglich, wenn beide Gesprächsteilnehmer ihre Rollen annehmen. Wenn der Elternteil zu dominant ist und dadurch das Kind weniger häufig zu

Wort kommen lässt, so wird der natürliche Verlauf des Gesprächs hierdurch gestört. Das Resultat ist nicht das, welches sich der Elternteil versprochen hatte.

Die zwischenmenschliche Kommunikation ist ein natürlicher Bestandteil unseres Lebens. Aus diesem Grund wird uns meist gar nicht bewusst, wie komplex dieses System ist und wie viele Regeln bewusst oder unbewusst beachtet werden müssen, damit die Kommunikation optimal verlaufen kann.

Verbale Kommunikation

Die verbale Kommunikation konzentriert sich auf die Übertragung von Gedankengut mit Hilfe von Lauten. Diese werden mit dem Mund geformt, wobei es sich um Wörter einer Sprache oder aber auch um prägnante Einzellaute handeln kann.

Weltweit gibt es nach heutigen Schätzungen rund 6000 verschiedene Sprachen. Manche werden von einem Millionenpublikum gesprochen, andere lediglich von einem einzigen Stamm. Sie unterscheiden sich nicht nur durch die Anzahl der Menschen, die eine Sprache sprechen, sondern auch durch ihren Aufbaue, ihre Komplexität und ihre Verwendungsmöglichkeiten. Es gibt Sprachen, die bereits mit einer relativ kleinen Menge an Wörtern auskommen, um wichtige Botschaften und Gedanken an andere weiterzugeben. Doch es gibt auch Sprachen, die über eine große Anzahl verschiedener Laute verfügen, die zu den unterschiedlichsten Wörtern geformt werden. Die Sprache eines Volkes zu lernen bedeutet auch, seine Art zu denken, seine Überzeugungen und sein Weltbild ein Stück weiter kennen zu lernen und zu verstehen. Außerdem lernt man durch das Verstehen einer neuen Sprache auch sehr viel über die eigene. Man kann nun vergleichen, wie die Menschen in unterschiedlichen Regionen der Welt denken, wie sie Dinge beschreiben und was ihnen besonders wichtig ist.

Es gibt eine große Anzahl an Studiengängen, die sich auf die Erforschung verschiedener Sprachen spezialisieren. Dabei wird deutlich, dass einige Sprachen erst vor kurzer Zeit entstanden sind, während andere auf eine über tausendjährige Geschichte zurückblicken können. Bei diesen Betrachtungen fällt ebenfalls auf, dass sich einige Sprachen in den letzten Jahrhunderten kaum verändert haben, während andere einen starken Wandel durchliefen. Wörter können als eine Abfolge von Zeichen auf Papier festgehalten werden. Die Schrift einer Sprache lässt sich durch den kulturellen Hintergrund der Region erklären, in welcher diese Sprache gesprochen wird. Hierbei haben sich einige Regionen und Kulturen zusammengetan, um einen universellen Schriftstil einzusetzen. Andere bestehen auf ihre ganz eigenen Zeichen, die sich schon seit langer Zeit durchgesetzt haben.

Die Sprache und ihre stilistischen Mittel scheinen für die zwischenmenschliche Kommunikation überaus wichtig zu sein. Einige Philosophen und Kulturwissenschaftler gehen sogar noch einen Schritt weiter. Sie sagen, dass das Kulturgut eines Volkes, seine Vorstellungen, seine Musik und Weltanschauung stets nur den gleichen Umfang haben kann, wie seine Sprache. Wenn eine Person in schillernden Farben träumt und dabei eine ganz neue Welt schafft, so kann sie diese Vorstellung nur an ihre Mitmenschen weitergeben, wenn sie sie auch in Worte fassen kann. Sonst bleiben diese Ideen im Kopf der ersten Person bestehen, verblassen dort und sterben schließlich.

Menschen geben Worten eine unterschiedliche Wichtigkeit. Einige achten sehr genau darauf, wie sie ihre Gedanken beschreiben. Andere äußern ihre Absichten nur grob, denn für sie sind die tatsächlichen Handlungen sehr viel wichtiger als die Gedanken, auf denen sie aufbauen.

So entstehen beispielsweise unterschiedliche Sprichwörter: „Taten wiegen mehr als Worte“ und „Worte können tödliche Waffen sein“ sind zwei von ihnen, welche die gegensätzliche Bedeutung der Wörter sehr gut beschreiben.

Es werden so zahlreiche Studien im Zusammenhang mit Sprachen durchgeführt, dass man meinen könnte, es handele sich um das wichtigste Kommunikationsmittel der Menschheit. Doch bei einer eingehenden Betrachtung aus einem anderen Blickwinkel fällt auf, dass die Wichtigkeit der Sprache sehr stark von dem Kommunikationskanal abhängt. Befinden sich zwei Menschen, die mit einander kommunizieren wollen, an unterschiedlichen Standorten der Welt und führen über das Telefon ein Gespräch miteinander, so sind Wortwahl, Tonfall und Geschwindigkeit des Gesprochenen sehr wichtig. Sie entscheiden maßgeblich über den Verlauf eines Gesprächs und ebenso darüber, wie gut die Kommunikation funktioniert. Befinden sich die beiden Personen gar in unterschiedlichen Zeiten, so können Gedanken und Ideen in Schriftform weitergegeben werden. Hierbei ist die Wortwahl noch viel bedeutender, denn andere Teile der Kommunikation, wie beispielsweise die Tonlage oder die Lautstärke, fallen komplett weg.

Doch desto näher sich die beiden Personen sind, umso mehr verliert die Sprache an Bedeutung. Findet das Gespräch mit Video statt, so werden auch die Mimik und bis zu einem gewissen Punkt die Gestik der anderen Person miteinbezogen. Die Worte entscheiden dann nur noch zur Hälfte darüber, wie ein Gespräch verläuft und wie die Gedanken von einer Person zur anderen weitergegeben werden können.

Befinden sich die beiden Personen in einem Raum und kommunizieren auf direktem Weg miteinander, so nimmt die Bedeutung der Sprache weiter ab. Sie macht dann lediglich 20 Prozent des Gesprächsverlaufs aus.

Viel wichtiger sind die nonverbalen Kommunikationsmittel, zu denen die Mimik, die Gestik, sowie die Körperhaltung und Körpersprache gehören.

Bei dieser Analyse fällt außerdem auf, wie vielschichtig die Kommunikation zwischen Menschen ist. Dies birgt eine große Anzahl an Möglichkeiten, gleichzeitig jedoch auch einige Risiken. Es ist wunderbar und wirklich erstaunlich, wie präzise Menschen ihre Gedanken weitergeben können. Schließlich handelt es sich hierbei um Ideen, die sich in ihrem Kopf entwickeln. Diese können dann mit Hilfe von Zeichen und Lauten so beschrieben werden, dass eine andere Person die Informationen aufnehmen und verarbeiten kann. Hat die Kommunikation gut funktioniert, so konnte wertvolles Gedankengut ausgetauscht werden. Sehr häufig kommt es jedoch vor, dass die Gedanken nicht präzise genug in Worte gefasst werden können. Dann kommt ein verzerrtes Bild bei dem Empfänger an. Das wird in den meisten Fällen nie festgestellt, denn der Empfänger geht davon aus, die Nachricht des Senders verstanden zu haben. Besonders häufig kommt es zu Missverständnissen, wenn die nonverbale Kommunikation des Senders nicht mit seiner verbal kommunizierten Nachricht übereinstimmt. Dann werden missverständliche Signale ausgesandt, die mitunter schwere Folgen mit sich führen können. Aus diesem Grund ist es wichtig, mit offenen Ohren und offenem Geist in ein Gespräch zu gehen. Nicht selten hören wir anderen nur zu, um anschließend unsere eigene Meinung kundzutun. Den meisten von uns geht dabei das aktive Zuhören vollkommen verloren. Es birgt jedoch große Chancen für die Weiterentwicklung eigener Ideen, wenn man sich das Gedankengut anderer Menschen zu eigen macht und sich mit diesem ausführlich auseinandersetzt.

Auch wenn die Sprache bei direkten Konversationen nur zu 20 Prozent über den Verlauf des Gesprächs entscheidet, so ist dies trotzdem ein Gebiet, welches es zu perfektionieren gilt. Wer aktiv an sich arbeiten möchte, um in Zukunft noch besser mit seinen Mitmenschen kommunizieren zu können, der kommt auch an der Verfeinerung der eigenen Sprache nicht vorbei.

Rhetorik

Die Rhetorik umfasst die sprachlichen Mittel, die verwendet werden können, um einer anderen Person oder einem Publikum die eigenen Ansichten nahezulegen und diese eindrucksvoll auszuarbeiten. Das Wort kommt aus dem Altgriechischen und heißt übersetzt so viel wie „die Redekunst". Die verschiedenen Methoden wurden bereits in der Antike angewandt und ihnen kam dort eine große Bedeutung zu. Rhetorik kann in den unterschiedlichsten Arten eingesetzt werden, verfolgt jedoch immer die Absicht eines Redners, sein Gegenüber oder sein Publikum von einer gewissen Ansicht zu überzeugen und damit zu einer bestimmten Handlung aufzufordern. Über die Jahrhunderte hinweg durchlief die Rhetorik einen großen Wandel. Während es sich in der Antike um eine wertvolle Kunst handelte, schwand ihr Ansehen im Laufe der Jahrhunderte. Die Zeit der Aufklärung versuchte, die Menschheit durch das Streben nach der Wahrheit zu beeinflussen. Hier fand die Rhetorik keinen Platz mehr und auch in der Romantik war sie nicht gerne gesehen, da sie stets beinhaltete, den Empfänger durch eine große Redegewandtheit in eine bestimmte Richtung zu lenken. Unter dem nationalsozialistischem Regime wurde die Rhetorik in zahlreichen Reden verwendet, um die deutsche Bevölkerung zu manipulieren und ein bestimmtes Menschen- sowie Weltbild zu verbreiten.

Aus wissenschaftlicher Sicht lässt sich die Rhetorik in einen allgemeinen und einen angewandten Teil zerlegen. Die angewandte Rhetorik findet besonders in der Politik und bei Gericht Verwendung. Aber auch bei therapeutischen Programmen kann sie durchaus eingesetzt werden.

Eine Anapher liegt dann vor, wenn die Wörter in den Sätzen so platziert wurden, dass der Leser automatisch einen bestimmten Rhythmus beim Lesen anschlägt. Es handelt sich hierbei um ein rhetorisches Mittel, welches sehr oft in religiösen Texten, sowie in poetischen Werken Verwendung findet.

Zu den wichtigen Stilmitteln der Rhetorik gehört unter anderem auch die Epipher. Sie findet sehr häufig bei religiösen Texten eine Verwendung und wird auch in der Poesie eingesetzt. Sie lässt sich sehr leicht identifizieren, denn wenn bei einem Text die Reihenfolge der Wörter so verändert wurde, dass stets das gleiche Wort am Anfang oder Ende eines Satzes steht, dann liegt eine Epipher vor. Sie ist somit das Gegenstück zur ebenfalls sehr bekannten Anapher.

Sehr leicht lässt sich auch eine Personifizierung erkennen. Sie liegt dann vor, wenn einem Gegenstand, einem Tier oder einem abstrakten Sachverhalt menschliche Züge verliehen werden. So wird in einer politischen Rede beispielsweise der Ausdruck einer starken Nation verwendet. Der Löwe ist mutig oder aber der Rabe hinterlistig. Durch die Einbringung einer Personifizierung wird die Beschreibung noch prägnanter, der Zuhörer kann sich mit ihr identifizieren und die Rede oder der Text machen einen stärkeren Eindruck.

Die Rede gilt als eine der wichtigsten Momente der Kommunikation, bei welcher rhetorische Mittel verwendet werden. Dieser Vortrag soll seine Zuhörer nicht nur informieren, er soll sie auch von einem bestimmten Standpunkt überzeugen. Darüber hinaus soll sie das Publikum zum Handeln aufrufen, wobei auch die Handlung nicht willkürlich ausgeübt wird. Die Rede soll das Meinungsbild des Zuhörers prägen, sodass dieser später leichter zu manipulieren ist.

Die Einleitung einer Rede ist sehr wichtig, denn sie soll die Aufmerksamkeit des Publikums auf den Sprecher ziehen. Das ist nicht immer einfach, denn manchmal muss man gegen andere Redner antreten und dann ist es besonders wichtig, Aufsehen zu erregen und aus der Menge herauszustechen. Anschließend wird der Sachverhalt dargelegt. Dies erfolgt in der Erzählung, die unterschiedliche Ausmaße annehmen kann, je nach Anlass und Länge der Rede, sowie Komplexität des Sachverhalts. Damit der Zuhörer nicht den Überblick verliert sondern weiß, was auf ihn zukommt, erfolgt im nächsten Abschnitt eine Gliederung. Nun geht es an den Inhalt der Rede, welcher in der Beweisführung ausführlich vor dem Zuhörer ausgebreitet wird. Dies ist auch der Abschnitt, in welchem die Argumente aufgeführt werden, die den eigenen Standpunkt verteidigen und die Meinung anderer in den Hintergrund stellen. Der Schluss einer Rede rundet diese ab und bindet dabei emotionale Elemente ein, um die Gefühle der Zuhörer anzusprechen und deren Empathie für sich zu gewinnen.

Rhetorische Mittel werden nicht nur zu punktuellen Ereignissen eingesetzt, wie es bei einem Schriftstück oder einer politischen Rede der Fall ist. Viele Menschen schaffen es, ihre Gespräche durch rhetorische Mittel lebendiger zu machen und dadurch ihren Gesprächspartner nicht nur mit Hilfe objektiver Argumente über einen Sachverhalt aufzuklären. Sie möchten einen bestimmten Standpunkt vertreten und schaffen dies, indem sie ihren Zuhörer auf emotionale Art und Weise ansprechen. Dadurch holen sie den Empfänger ihrer Worte in das Geschehen hinein und beziehen ihn mit ein. Sonst kann es passieren, dass das Gegenüber zwar die Argumentation nachvollziehen kann, sich mit ihr aber dennoch nicht identifizieren kann.

Die Verwendung rhetorischer Mittel fällt uns im Alltag besonders im Zusammenhang mit Werbung auf. Marketingspezialisten wissen, dass die potenziellen Kunden den objektiven Nutzen eines Produktes bereits kennen. Sie versuchen deshalb mit Hilfe sprachlicher und bildlicher Mittel, bei dem Zielpublikum ein Kaufbedürfnis aufzubauen, welches dieses vorher noch nicht verspürt hat. Darüber hinaus versuchen die einzelnen Marken, sich durch ihren Wiedererkennungswert von ihrer Konkurrenz abzuheben und den Kunden durch die Schaffung eines Mehrwerts an sich zu binden. Dies geschieht oft über rhetorische Mittel, durch welche sich der Kunde mit einem Produkt oder einer Marke identifiziert.

Nonverbale Kommunikation

Die nonverbale Kommunikation hat bei einem Gespräch, bei welchem sich zwei oder mehr Gesprächspartner in einem Raum befinden und somit keine Standortbarrieren in den Weg kommen, einen Einfluss auf den Gesprächsverlauf von etwa 80 Prozent. Das bedeutet, dass man seine Worte zwar sehr genau und präzise wählen kann, jedoch trotzdem nicht verstanden oder ernst genommen wird, wenn diese nicht mit den nonverbalen Signalen übereinstimmen. Es kann während eines Kommunikationsprozesses an sehr vielen Stellen zu einer Abweichung kommen, die später zu Missverständnissen führen kann. Problematisch ist nicht unbedingt das Auftreten von Missverständnissen, denn diese sind vorprogrammiert, wenn zwei Gehirne ihre Ideen und Gedanken austauschen möchten. Schwer wird es jedoch dann, wenn ein Missverständnis nicht als solches identifiziert wird. Dann geht der Sender davon aus, dass seine Nachricht korrekt verstanden wurde und der Empfänger geht davon aus, die Meinung des Senders richtig aufgefasst zu haben. Dies kann zu Problemen führen, wenn das weiterführende Gespräch auf einem Ausgangspunkt aufgebaut wird, der nicht übereinstimmt.

Ein Großteil der nonverbalen Kommunikation wird unbewusst ausgeübt. Es handelt sich dann beispielsweise um Gesten, die wir ganz selbstverständlich einsetzen. Diese sind uns nicht angeboren, wir haben sie im Laufe unseres Lebens erlernt und in unseren gewöhnlichen Gebrauch aufgenommen. Es gibt einige wenige Zeichen und Bewegungen, die von Menschen auf der ganzen Welt verwendet werden. Dazu gehört beispielsweise ein Lächeln, welches überall positiv aufgefasst wird. Weinen wird von jedem menschlichen Wesen auf der Erde als Zeichen von Trauer oder Ergriffenheit erkannt.

Doch es gibt viele Zeichen, Gesten und Ausdrücke, die sich stark unterscheiden, je nachdem, in welcher Region man sich aufhält. Dies birgt zunächst einmal viele Chancen, denn es bedeutet, dass man eine große Anzahl an Gesten und Zeichen erlernen kann, um ein Feingefühl für die Ausdrucksweise einer bestimmten Region zu gewinnen. Auf der anderen Seite bedeutet es jedoch auch, dass zahlreiche Probleme eintreten können, wenn dieses Feingefühl nicht eingesetzt wird. Dann kann es zu Missverständnissen kommen, die auf regionalen Unterschieden nonverbaler Kommunikationsmittel beruhen. Wenn Sie an einem bestimmten Ort aufwachsen, dann kennen Sie die Gesten und Merkmale der nonverbalen Kommunikation, die für diesen Ort typisch sind. Doch auch wenn Sie mit den ortstypischen Merkmalen der nonverbalen Kommunikationsmittel eines Ortes nicht vertraut sind, so können Sie diese erlernen, um die Möglichkeiten einer problemfreien Kommunikation mit Menschen aus dieser Region zu erweitern.

Der Einsatz bestimmter averbaler Mittel unterscheidet sich nicht nur geografisch, sondern ist auch stark mit der Situation verbunden, in welcher er Verwendung findet. So kommunizieren Sie mit Ihren Freunden beispielsweise anders als mit Ihrem Vorgesetzten oder mit Ihren Angestellten. Im Schulwesen drücken Sie sich anders aus als wenn

Sie später eine Universität besuchen oder sich an Ihrem Ausbildungsplatz befinden. Dies kann zu Problemen führen, wenn Sie mit den situationstypischen Kommunikationsmitteln nicht vertraut sind. Es kann Ihnen jedoch auch die Türen öffnen. Dann nämlich, wenn Sie sich auf die kommunikativen Mittel spezialisieren und diese so einsetzen, dass Sie Ihre Gedanken und Ihre Erwartungen sehr viel spezifischer und prägnanter an Ihr Gegenüber weitergeben können. Dies kann Ihnen bei Einstellungsgesprächen, aber auch bei schwierigen Unterhaltungen mit Ihren Eltern oder Kindern, sowie bei Auseinandersetzungen mit Ihrem Lebenspartner helfen.

Mimik, Gestik, Körpersprache und Körperhaltung

Die Erklärung einzelner Zusammenhänge wird in diesem Buch vom Detail bis hin zum Gesamtbild durchgeführt.

Mimik

Die Mimik beschreibt die Bewegungen, die wir, erlernt oder intuitiv, mit unserem Gesicht machen. Dies kann mit verbalen Kommunikationsmitteln einhergehen, es kann aber auch unabhängig von Sprache und Lauten ablaufen. Mund, Augen und Stirn lassen am meisten über die inneren Vorgänge einer Person erkennen. Es handelt sich hierbei um die Gesichtspartien, die am beweglichsten sind. Ob Sie einen breiten Mund mit vollen Lippen und weißen Zähnen besitzen, oder Ihre Lippen eher schmal sind, darüber können Sie, wenn Sie nicht auf chirurgische Hilfe ausweichen wollen, nicht entscheiden. Wie Sie Ihren Mund einsetzen, um Ihren Aussagen und Reaktionen in Gesprächen mehr Ausdruck zu verleihen, darauf haben Sie sehr wohl einen Einfluss. Lächeln Sie breit und zeigen dabei auch etwas Zähne, so wirken Sie aufgeschlossen auf Ihr Gegenüber. Sie zeigen Empathie und regen Ihren Gesprächspartner dazu an, seine Gedanken noch ausführlicher in Worte zu fassen. Ist Ihr Gegenüber aufgeregt oder nervös, so können Sie es mit einem Lächeln aufmuntern. Ein Lächeln mit einem zusammengekniffenen Mund wirkt hingegen aufgesetzt. Doch Vorsicht, auch ein zu übertriebenes Lächeln, welches Sie während des Gesprächs nicht oft genug durch andere Gesichtsausdrücke austauschen, wirkt nicht echt. Versuchen Sie, Ihr Verhalten stets dem Inhalt des Gesprächs anzupassen. Seien Sie dabei schnell in Ihren Reaktionen, damit Ihr Gesprächspartner merkt, dass Sie aufmerksam zuhören und nicht etwa mit anderen Gedanken beschäftigt sind. Ein zaghaftes Lächeln kann ein Zeichen von Schüchternheit sein. Das Zusammenspiel zwischen dem Mund und anderen Regionen des Gesichts ist überaus wichtig.

Die Augen öffnen einen direkten Weg in die Seele eines Menschen. Wenn Sie Ihre Augen zusammenkneifen, so können Sie damit signalisieren, dass Sie angestrengt nachdenken. Es kann jedoch auch bedeuten, dass Sie nicht die selbe Meinung vertreten wie Ihr Gegenüber. Weit aufgerissene Augen sind ein Zeichen für Überraschung. Dies bedeutet, dass Sie auf eine Aussage Ihres Gesprächspartners nicht vorbereitet waren. Sie müssen jedoch darauf achten, dass Sie diese Bewegung nicht übertreiben. Ansonsten wirkt sie schnell aufgesetzt und nicht authentisch. Im richtigen Moment verwendet signalisieren Sie Ihrem Gegenüber hingegen, dass Sie eine große Anteilnahme an den Geschehnissen empfinden und sich mit Ihrem Kommunikationspartner identifizieren können, mit diesem mitfiebern und vollkommen in seine Gedankenwelt eintauchen.

Schauen Sie jemandem direkt in die Augen, während Sie mit ihm sprechen oder ihm zuhören, so zeigen Sie damit Aufrichtigkeit und machen außerdem deutlich, dass Sie dem Gespräch Ihre volle Aufmerksamkeit schenken. Das Gegenteil ist der Fall, wenn Sie Ihrem Gegenüber nicht in die Augen schauen. Blicken Sie umher, so zeigt das, dass auch Ihre

Gedanken nicht bei Ihrem Gesprächspartner und dem Inhalt seiner Worte verweilen.

Wenn Sie Ihre Augen aufreißen und dabei die Stirn hoch ziehen, so ist dies ein deutliches Zeichen Ihrer Überraschung. Sie machen Ihrem Gesprächspartner deutlich, dass Sie mit einem solchen Wandel des Inhaltes nicht gerechnet hatten. Kneifen Sie Ihre Augen leicht zusammen, während Sie eine Augenbraue hochziehen und die Stirn in Falten legen, dann drücken Sie damit Zweifel aus. Sie sind vielleicht nicht einer Meinung mit Ihrem Gegenüber und machen deutlich, dass Sie von seinem Standpunkt nicht vollkommen überzeugt sind. Bilden Sie Falten auf der Stirn, indem Sie diese nach unten ziehen, so machen Sie deutlich, dass Sie wütend sind. Sie zeigen Ihr Unverständnis für die Meinung der anderen Person.

Gestik und Körpersprache

Zoomen wir aus dem Gesicht heraus und betrachten den gesamten Körper einer Person, so fällt uns auf, dass Sie Ihre Extremitäten, sowie ihren Kopf, im Laufe einer Unterhaltung sehr viel bewegt. Diese Bewegungen, die unbewusst oder bewusst ausgeführt werden, sagen sehr viel über den Gemütszustand einer Person aus.

Es wird geschätzt, dass der Mensch insgesamt rund 5000 verschiedene Gesten ausführen kann. Bestimmte Gesten erfolgen intuitiv, so auch das Heben der Arme, wenn Gefahr droht. Andere werden hingegen im Laufe des Lebens erlernt, weshalb sie bei kleinen Kindern noch nicht zu beobachten sind. Hierzu gehören beispielsweise das Kopfnicken und Kopfschütteln, so wie Daumen hoch oder das Zeigen mit dem Finger. Einige dieser Gesten werden auf der ganzen Welt verstanden, mit anderen muss man vorsichtiger umgehen, denn sie bedeuten in einer anderen Region vielleicht etwas ganz anderes.

Sie können Gesten ganz gezielt einsetzen, um bei Ihrem Gesprächspartner einen bestimmten Eindruck zu hinterlassen. Dies kann durchaus positiv auf ein Gespräch wirken. Sie müssen jedoch ebenso aufpassen, nicht unabsichtlich Gesten zu machen, die eine negative Wirkung auf den weiteren Verlauf des Kommunikationsprozesses haben. Ist einer Frau kalt oder sie ist unsicher, so neigt sie dazu, die Arme vor der Brust zu verschränken. Dies kann eingesetzt werden, um bei einem Mann den Beschützerinstinkt zu wecken und damit ein bestimmtes Verhalten hervorzurufen. Möchten Sie als Frau einen selbstbewussten, souveränen Eindruck machen, so ist diese Geste jedoch nicht die richtige. Lassen Sie Ihre Arme dann lieber locker an sich herunterbaumeln, wobei Sie auch die Hände entspannen.

Wenn Sie die Fäuste ballen, so kann dies ausdrücken, dass Sie versuchen, Aggressionen in den Griff zu bekommen und mit der Meinung Ihres Gegenübers nicht übereinstimmen. Halten Sie die Hände zu gerade und lassen sie nicht in einem natürlichen Bewegungsablauf mitschwingen, so deutet das darauf hin, dass Sie nervös sind. Versuchen Sie stattdessen, ruhige Bewegungen mit Ihren Händen zu machen, welche die Bedeutung Ihrer gesprochenen Wörter betonen. Schütteln Sie bei der Begrüßung Ihres Gesprächspartners dessen Hand, so sollte Ihr Händedruck ausgeglichen und selbstsicher wirken. Dies erreichen Sie, wenn Ihre Handfläche trocken und warm ist, Sie einen gewissen Druck auf die Hand Ihres Gegenüber auswirken, dabei jedoch nicht verkrampfen. Begleiten Sie diese Geste mit einem aufmerksamen Blick und einem Lächeln, so machen Sie damit bereits deutlich, dass Sie mit einer positiven Einstellung in das Gespräch gehen.

Wenn Sie Ihre Hände bei einer Präsentation vor Ihnen falten, so wirken Sie, als würden Sie Ihren Genitalbereich schützen wollen. Versuchen Sie stattdessen, Ihre Aussagen durch stimmige Gesten zu unterstützen. Eine ausgewogene Gestik wird vom Gesprächspartner als souverän und selbstsicher gedeutet. Dies ist genau der Eindruck, den Sie machen möchten.

Verschränken Sie Ihre Arme hinter dem Kopf und legen dabei einen Fuß auf Ihr anderes Knie, so wirken Sie sehr selbstbewusst, können jedoch auch als selbstverliebt und arrogant angesehen werden. Passen Sie deshalb auf, in welchem Ausmaß Sie diese Geste zeigen und bei wem. Auf Ihren Arbeitgeber macht dies womöglich keinen guten Eindruck, denn Sie müssen ihm zwar souverän, gleichzeitig jedoch auch mit Respekt entgegentreten.

Vermeiden Sie, Ihre Hände zu verstecken. Das bedeutet, dass Sie diese beim Stehen nicht unter Ihren verschränkten Armen platzieren sollten. Auch beim Sitzen gibt es durchaus die Möglichkeit, die Hände zwischen den Beinen einzuklemmen oder sich auf die Hände zu setzen. Das zeugt jedoch von Unsicherheit und Unwohlsein. Es sollte deshalb möglichst vermieden werden, wenn Sie bei Ihrem Gegenüber mit Selbstbewusstsein und Sicherheit punkten möchten. Wenn Sie Ihren Arm in die Taille stemmen, dann zeugt dies von Trotz und sagt außerdem aus, dass Sie mit der Meinung Ihres Gesprächspartners nicht übereinstimmen.

Wenn Sie stehen, so sollten Sie Ihre Hände nicht zu stark bewegen. Das kann aufgesetzt wirken, wenn die Bewegungen zu hektisch sind. Es wird jedoch insgesamt als empathisch und positiv gewertet, wenn Sie Ihre Hände oberhalb Ihrer Taille platzieren und im Rhythmus Ihrer sprachlichen Kommunikationsmittel bewegen.

Körperhaltung und weitere Kommunikationsmittel

Welche Körperhaltung eine Person während eines Gesprächs einnimmt, entscheidet nicht unbedingt darüber, wie gut einzelne Aussagen beim Gesprächspartner ankommen. Es trägt jedoch einen großen Beitrag dazu bei, welchen Gesamteindruck eine Person auf ihr Gegenüber macht.

Wenn Sie in einem Vorstellungsgespräch selbstbewusst wirken möchten, so sollten Sie niemals Ihre Beine eng aneinander stellen und dabei womöglich noch die Hände zwischen die Beine stecken. Eine solche Körperhaltung, bei der Ihre Schultern nach vorne fallen und Ihr Rücken nicht gerade ist, zeugt von Unsicherheit und Schüchternheit. Das ist nicht der Eindruck, den Sie auf Ihren potentiellen Vorgesetzten machen möchten. Stattdessen möchten Sie selbstbewusst rüberkommen. Dabei müssen Sie gleichzeitig aufpassen, dass Sie nicht übertreiben, denn auch Arroganz und Überlegenheit machen keinen guten Eindruck auf den zukünftigen Chef. Versuchen Sie, Ihre Aussagen möglichst authentisch zu unterstreichen, dabei jedoch keine extremen Positionen einzunehmen. Zur Körperhaltung gehört auch die Position Ihres Körpers. Bewegen Sie sich zu weit von einer Person entfernt, so machen Sie dabei deutlich, dass Sie Angst haben oder unsicher sind. Gehen Sie zu nah heran, so stören Sie den persönlichen Raum um die betroffene Person. Finden Sie ein gesundes Mittelmaß. Auf diese Weise stellen Sie einen direkten Kontakt zwischen sich und Ihrem Gesprächspartner her, den Sie weder durch Abstand noch durch übertriebene Nähe reißen lassen.

Wenn Sie sich mit beiden Beinen auf den Boden stellen, dabei nicht zu oft das Standbein wechseln und Ihre Aussagen durch Gesten und Mimik unterstreichen, dann machen Sie Ihrem Gegenüber deutlich, dass Sie eine feste Meinung vertreten und diese charmant und empathisch zur Sprache bringen. Halten Sie Ihre Arme leicht geöffnet, so sind Sie einladend und offen für neue Ideen. Dies hat positive Auswirkungen auf ein Gespräch, denn Sie zeigen, dass Sie sich nicht nur selbst reden hören möchten, sondern auch offen sind für die Ideen und Gedanken Ihres Gesprächspartners.

Wir denken häufig, dass wir unsere Kleidung nach unserem persönlichen Geschmack auswählen. Dabei richten wir uns beispielsweise nach

Farben, die zu unserem Haut-, Haar- oder Augenfarbton passen. Wir suchen Kleidungsstücke aus, die unserem Körper schmeicheln. Das ist jedoch auch schon das höchste der Gefühle. Wir machen uns aber in den meisten Fällen keine weiteren Gedanken darüber, wie unser Kleidungsstil auf unsere Mitmenschen wirkt. Es handelt sich hierbei um etwas, was nicht direkt mit unserer Gestik, unserer Mimik oder unseren sprachlichen Kommunikationsmitteln zusammenhängt, trotzdem ist es ein überaus wichtiger Kommunikationskanal. Wenn wir einen Anzug oder einen Bleistiftrock tragen, so erzielen wir damit bei unserem Gegenüber nicht das gleiche, wie wenn wir in einer Jogginghose auftauchen. Die Kleidung verrät viel über unsere Persönlichkeit, unseren Gemütszustand und unsere Absichten. Häufig wählen wir die Kleidungsstücke intuitiv. Eine Yogalehrerin würde sicherlich nicht das selbe anziehen wie eine Bankangestellte. Ein Tischler benötigt nicht dieselbe Kleidung wie der Vorsitzende eines Konzerns. Dabei geht es nicht nur um Funktionalität, sondern auch um den Status, den wir unseren Mitmenschen durch die Verwendung bestimmter Kleidungsstücke signalisieren. Jemand, der als Student täglich in einem lockeren T-Shirt zu den Vorlesungen erscheint, Turnschuhe trägt und bequeme Hosen bevorzugt, wird bei der Präsentation seiner Abschlussarbeit zu einer Anzughose und einem schönen Hemd greifen. Weshalb? Weil er den Prüfern signalisieren will, dass er diesen Anlass sehr ernst nimmt. Er möchte zeigen, dass er eine professionelle Person ist, die hart auf diesen Abschluss hingearbeitet hat und den Prüfenden an diesem wichtigen Tag den nötigen Respekt zukommen lässt.

Oft ist uns nicht bewusst, welche Wirkung wir bei unseren Mitmenschen erzielen. Frauen lassen sich die Haare lang wachsen, weil sie ihre Locken mögen, die im Wind um ihren Kopf spielen. Doch auf Männer hat diese Frisur vielleicht noch eine ganz andere Wirkung. Sie nehmen Frauen mit langen Haaren oft als besonders feminin und weich wahr. Wenn diese ihre Haare zu einem Bob schneiden, so denken sie, dass sie damit ihren Augen eine ganz andere Wirkung geben und dass sie an Ausdruck gewinnen. Auf einen Mann wirkt ein solcher Haarschnitt womöglich einschüchternd. Eine Frau mit einem Bob, das signalisiert Stärke, Durchsetzungsvermögen, Selbstbewusstsein und Disziplin.

Viele Frauen greifen zu einem roten Lippenstift, um Männer auf sich aufmerksam zu machen. Sie gehen davon aus, dass Sie mit einem kunstvoll aufgelegten Make-up alle Blicke auf sich ziehen werden. Bei einer Studie fiel jedoch auf, dass viele Männer einen roten Mund einschüchternd finden und es bevorzugen, wenn sich Frauen natürlicher schminken. Ebenso finden sich viele Männer besonders attraktiv, wenn sie ihre Haare zurückgelen. Das ist für einen Geschäftsmann auch durchaus angebracht, Frauen bevorzugen jedoch einen etwas lockereren Look, mit einem Dreitagebart und leicht verstrubbelten Haaren. Bereits die Verwendung einer bestimmten Sonnenbrille oder Handtasche kann bei den Mitmenschen eine große Wirkung erzielen. Die meisten von uns sind sich einer solchen Wirksamkeit zwar bewusst, verwenden sie im Alltag jedoch trotzdem nicht regelmäßig. Umso interessanter ist es, das eigene Umfeld einmal eingehend zu betrachten und dabei festzustellen, welche Gegenstände und Accessoires welche Wirkung erzielen. Auf diese Weise können Sie sich besonders vielversprechende Artikel merken und diese in wichtigen Situationen gekonnt einsetzen.

Kommunikation in bestimmten Beziehungskonstellationen

Die zwischenmenschliche Kommunikation ist ein äußerst komplexes System. Dabei lässt sich keinesfalls verallgemeinern, dass die Kommunikation besonders leicht fällt, wenn sich zwei Menschen nahe stehen und schwieriger wird, desto weiter die beiden Personen emotional voneinander entfernt sind. Es kann durchaus passieren, dass die Kommunikation mit einer wildfremden Person leichter erscheint als die mit einem engen Freund oder dem Lebenspartner. Dies kann unter anderem daran liegen, dass ein solches Gespräch vollkommen frei von einer Vorgeschichte ist. Es gab bisher keinen Austausch von Meinungen, das Bild von der anderen Person ist noch nicht festgefahren und definiert. Es kann jedoch auch sein, dass ein solches Gespräch sehr holprig verläuft, dann nämlich, wenn sich Vorurteile in den Weg stellen. Aus diesem Grund ist es wichtig, der Kommunikation mit einem anderen Menschen offen entgegenzutreten. Wenn Sie versuchen, Ihren Kopf frei zu machen und stattdessen auf die Worte und die nonverbalen Zeichen des Gegenübers zu achten, so werden Sie womöglich feststellen, dass sich Ihnen ein ganz neuer Horizont eröffnet. Sie können dann einen Einblick in das Gedankengut einer anderen Person erhalten, der Ihre eigenen Gedanken beeinflusst und vorantreibt. Durch den regen Austausch formen sich mit der Zeit Ihre persönlichen Einstellungen zu unterschiedlichen Themen, Ihr Weltbild und Ihre Gedanken an die Zukunft.

Grundsätzlich ist jede Form der Kommunikation mit anderen Menschen bereits ein wichtiges Ereignis, das weitreichende Folgen haben kann. Es gibt jedoch bestimmte Szenarien, auf die Sie sich gezielt vorbereiten können, wenn Sie bei Ihrem Gesprächspartner einen bestimmten Eindruck hinterlassen möchten. In diesem Kapitel können Sie einen Einblick in diese Szenarien erlangen und sich dabei Ihre ganz persönlichen Strategien zurechtlegen, wie Sie das nächste mal mit einer solchen Kommunikationssituation umgehen möchten.

Meinungsverschiedenheiten mit dem Lebenspartner oder der Lebenspartnerin

Die zwischenmenschliche Kommunikation ist nie einfach. Sie wird jedoch zusätzlich erschwert, wenn sich bestimmte Muster bei Gesprächen zwischen zwei Kommunikationspartnern festfahren und deshalb wiederholt auftreten. Dann treten Vorurteile auf, man geht davon aus, dass die andere Person schließlich immer mit der selben Antwort auf einen bestimmten Sachverhalt reagiert. Aus diesem Grund nimmt meine eigenen Aussagen bereits vorweg und zieht auch seine eigene Reaktion vor. Das hat zur Folge, dass sich Konflikte zuspitzen, die immer und immer wieder um dieselben Themen kreisen. Es kann schwer sein, einen solchen Teufelskreis zu durchbrechen und dies ist mitunter nur möglich, wenn beide Partner gemeinsam an einem Strang ziehen, um ihre Kommunikation zu verbessern.

Wenn zwei Personen eine Liebesbeziehung führen, dann haben sie Ansprüche aneinander. Diese Erwartungen werden aber nur selten in vollem Maße erfüllt. Dies liegt schon allein daran, dass sie viel zu selten verständlich kommuniziert werden.

Wenn Sie sich vornehmen, aktiv an Ihren Kommunikationsskills zu arbeiten, dann können folgende Ansätze hilfreich sein. Diese sollten Sie sich stets vor Augen führen, damit Sie nicht nur als Regeln über Ihnen schweben, sondern auch in Fleisch und Blut übergehen. Oft haben wir zwar gute Vorsätze, werfen diese aber im Eifer des Gefechts über Bord.

- **Keine überlegene Haltung einnehmen:** Sie befinden sich in einer Liebesbeziehung auf einer Ebene. Es handelt sich hierbei nicht um eine hierarchische Beziehung zwischen zwei Menschen, bei welcher der eine übergeordnet ist. Sie befinden sich beide gemeinsam in einem Boot. Dabei bringen Sie beide Ihre Meinungen und Vorschläge mit ein und Sie suchen auch beide nach Lösungen, die Ihre gemeinsamen Probleme aus der Welt schaffen könnten. Wenn Sie oder Ihr Partner die Regeln brechen und sich über den anderen stellen, so wird das Verhältnis zwischen Ihnen beiden gestört und eine Kommunikation auf gleicher Ebene ist nicht mehr möglich. Dasselbe gilt übrigens auch, wenn Sie sich unterordnen. Das bedeutet nicht, dass keiner recht haben und keiner nachgeben darf. Es heiß lediglich, dass Sie als zwei erwachsene Menschen in einer engen Beziehung zueinander stehen, bei der Sie gleichwertig sind. In einigen Fällen finden Sie eine Lösung, die von beiden gleichermaßen stammt, in anderen Fällen hatte die eine Person vielleicht den entscheidenden Einfall. Darauf kommt es jedoch nicht an, denn diese Verteilung gleicht sich aus. Auf diese Weise zeigen Sie Ihrem Partner, dass Sie ihn und seine Ansichten respektieren und die geliebte Person wird Ihnen mit demselben Respekt und der gleichen Wertschätzung begegnen.

- **Vorurteile aus der Welt schaffen.** Wenn wir bereits einige Zeit mit einer Person zusammenleben, dann formt sich in unserem Kopf ein festes Bild von diesem Menschen. Wir meinen dann bereits im Voraus zu wissen, wie die Person auf eine bestimmte Situation reagieren wird. Wir können in unserem Kopf einen Dialog ausarbeiten, ohne ein einziges Wort mit dem anderen gewechselt zu haben. Gehen wir bereits mit diesem Bild, was wir in unserem Kopf angefertigt haben, in ein Gespräch, so machen wir unsere Aussagen auf der Basis unserer vorausgehenden Gedanken. Doch nur selten können wir die wahre Reaktion unseres Gegenübers vorher bereits richtig einschätzen. Die Person vertritt vielleicht eine ganz andere Meinung als wir dachten und das Gespräch wäre in eine ganz neue, sehr interessante Richtung verlaufen. Dadurch, dass wir mit Vorurteilen in den Kommunikationsprozess gingen, wird dieser aber verfälscht und nimmt ein Ende, das wir so nicht wollten. Wenn wir unseren Kopf frei machen und uns ganz ohne Vorurteile in ein Gespräch begeben, dann können wir dabei sehr viel lernen. Wir bekommen die Möglichkeit, den tatsächlichen Erklärungen des anderen zu lauschen, die von unseren vorherigen Vorstellungen vielleicht stark abweichen. Und nur wenn wir ganz ohne Vorurteile zuhören, dann können wir auf das tatsächlich gesagte reagieren, anstatt unser Verhalten auf unsere vorigen Überlegungen zu stützen.

- **Sie befinden sich im selben Boot.** Wir vergessen während eines Streitgesprächs häufig, dass wir mit unserem Lebenspartner ein Team bilden. Es geht nicht darum, wer nach seinen eigenen Vorstellungen und Prinzipien vielleicht recht hat. Viel wichtiger ist, eine Lösung zu finden, mit der beide Parteien leben können. Diese Problematik lässt sich häufig bei der Kindererziehung erkennen. Partner A beaufsichtigt das Kind dabei, wie es sich die Kleidung anzieht. Dies fällt dem Kleinkind noch schwer, sodass es anfängt zu quengeln, was die Aufmerksamkeit von Partner B auf sich zieht, der sich bisher in einem anderen Raum befand. Partner B beobachtet nun, wie sich Partner A mit dem kleinen Kind abmüht und findet, dass die Vorgehensweise eindeutig nicht die richtige sein kann. Nun hat Partner B mehrere Möglichkeiten und eine davon ist, dazwischen zu gehen, das Kleinkind an sich zu nehmen und ihm auf die „richtige“ Art und Weise dabei zu helfen, sich die Kleidung anzuziehen. Diese Vorgehensweise bringt jedoch einen Konflikt mit sich, denn Partner B hat die Glaubwürdigkeit und Methodik von Partner A vor den Augen des Kindes in Frage gestellt.

Eine andere Möglichkeit wäre beispielsweise, das Geschehen unvoreingenommen zu beobachten. Vielleicht stellt Partner B dabei sogar fest, dass Partner A einige sehr intelligente und interessante

Anziehmethoden an den Tag legt. Ist Partner B auch nach einer detaillierten Beobachtung der Meinung, eine bessere Strategie zu haben, so kann er diese in einem ruhigen Moment unter vier Augen mit seinem Lebenspartner besprechen. Dabei findet man womöglich eine Lösung, die von nun an beide Seiten gleichermaßen übernehmen. Sie haben einen Kompromiss gefunden, mit welchem Sie beide leben können. Auf diese Weise zeigen Sie Ihrem Kind, dass Sie eine Front sind und als Partner zusammenarbeiten, ohne sich vor anderen gegenseitig in Frage zu stellen.

- **Versuchen Sie, Ruhe zu bewahren.** Ein Gespräch kann durchaus innerhalb sehr kurzer Zeit zu einer Diskussion und anschließend zu einem Streitgespräch werden. Doch wenn Sie unvoreingenommen auf Ihr Gegenüber eingehen und dies auch mit einer offenen, gelassenen Körpersprache signalisieren, dann können Sie die Situation entschärfen. Wenn Sie die Arme vor der Brust verschränken oder schnelle Bewegungen auf Ihren Partner zu machen, dann wird das Gespräch eskalieren. Sie nehmen damit nämlich eine deutliche Abwehrhaltung ein oder versuchen, Ihren Gesprächspartner aktiv einzuschüchtern. Halten Sie die Hände in einer entspannten Position, so wirken Sie automatisch freundlicher und entgegenkommender auf Ihr Gegenüber.

- **Versuchen Sie, selbst zu reflektieren.** Dies ist in dem Moment eines Streitgesprächs äußerst schwierig. Nutzen Sie deshalb ruhigere Augenblicke des Tages, um sich selbst mit Ihren Stärken und Ihren Schwächen auseinanderzusetzen. Wenn Sie aufrichtig mit sich selbst sind, dann können Sie auf diese Weise sehr viel über sich selbst herausfinden. Versuchen Sie dies anschließend einmal mit Ihrem Partner. Überlegen Sie konzentriert und sagen Sie sich anschließend, was Sie an Ihrem Gegenüber besonders schätzen und welche

Verhaltensmuster Sie während eines Streits stören. Versuchen Sie hierbei, sachlich zu bleiben. Nur so kann es Ihnen möglich werden, auf die Gedanken Ihres Partners einzugehen, ohne dass dabei ein neuer Streit aufkommt.

Befinden Sie sich das nächste Mal in einer Diskussion, so können Sie sich selbst fragen, welche unerwünschten Verhaltensweisen Sie gerade wieder aufgreifen. Außerdem ist es Ihnen dann auch möglich, Ihren Partner auf seine guten und weniger guten Seiten aufmerksam zu machen, ohne dabei unsensibel und verletzend zu werden. Diese Vorgangsweise bedarf einiger Disziplin, denn man muss sich selbst gut im Griff haben, um die Kritik eines geliebten Menschen annehmen zu können. Doch wenn Sie dies beherrschen, so werden Sie Diskussionen sehr viel sachlicher führen können. Das gibt Ihnen beiden anschließend das Gefühl, dass Sie ein Streitgespräch gemeinsam unter Kontrolle kriegen können und dass Sie dabei inhaltlich einen großen Fortschritt machen.

Kommunikation am Arbeitsplatz

Ein weiterer, überaus wichtiger Teil unseres Lebens, an dem wir oft viele Stunden des Alltags verbringen, ist unser Arbeitsplatz. Viele gehen mit der Einstellung in das Arbeitsleben, dass sie dort lediglich ihr Geld verdienen, dabei aber keinerlei Vergnügen verspüren müssen. Erst mit voranschreitendem Alter wird ihnen bewusst, dass sie einen Großteil des Tages an diesem Ort verbringen und dies eigentlich nur zu ertragen ist, wenn auch das Arbeitsklima stimmt. Allein durch das Gehalt kann der Gesamteindruck meist nicht zum positiven verändert werden.

Doch worauf muss man achten, wenn man am Arbeitsplatz gut ankommen möchte? Wie schafft man es, bei den Kollegen einen guten Eindruck zu hinterlassen, vom Vorgesetzten als produktiv und professionell wahrgenommen zu werden und gleichzeitig von den Teammitgliedern auf Grund Ihrer Arbeitsweise und Ihres Verhaltens als sympathische Führungskraft akzeptiert zu werden. Dieser Balanceakt ist keineswegs einfach, seien Sie aus diesem Grund nicht allzu besorgt, wenn Ihnen nicht auf Anhieb alle drei Bereiche gelingen wollen. Mit einiger Übung und überlegtem Verhalten wird es Ihnen möglich werden, an Ihrem Arbeitsplatz selbstbewusst zu wirken, ohne gleichzeitig unnahbar zu wirken.

- **Kompetentes Auftreten mit Hilfe der korrekten Körpersprache:** Als Angestellter oder potentieller Angestellter eines Unternehmens möchten Sie kompetent und selbstbewusst wirken, wollen gleichzeitig aber keinen überheblichen, selbstverliebten Eindruck bei Ihren Vorgesetzten und Arbeitskollegen hinterlassen. Wenn Sie sich bei einem Gespräch weit zurück lehnen und dabei die Hände hinter Ihrem Kopf verschränken, dann gehen Sie mit dem Selbstbewusstsein bereits einen Schritt zu weit. Halten Sie den Kopf gesenkt, weichen den Blicken anderer aus und antworten zaghaft auf die Fragen Ihres Vorgesetzten, so sind Sie zu schüchtern. Ihr Charakter zählt, denn wenn Sie professionell sein möchten, dann müssen Sie deutlich machen, dass Sie innerhalb kurzer Zeit überlegte Entscheidungen treffen können und hinter Ihren Entschlüssen stehen. Es ist meist nicht schlimm, einen Fehler zu machen, denn dieser macht Sie nur menschlich. Doch wichtig ist hierbei, wie Sie mit diesem Fehler umgehen. Stellen Sie sich Ihrer Verantwortung und suchen aktiv nach einer Lösung oder versuchen Sie, die Schuld einem anderen in die Schuhe zu schieben und Ausreden für das Malheur zu finden? Ihr Verhalten wird darüber entscheiden, wie Sie von Ihren Kollegen und Ihren Vorgesetzten wahrgenommen werden.

- **Halten Sie die Regeln des Abstands ein:** Sie befinden sich in einem Arbeitsumfeld. Selbst Menschen, die Sie im privaten Umfeld mit viel Zärtlichkeit und Nähe behandeln, müssen am Arbeitsplatz auf einen angemessenen Abstand gebracht werden. Das hat keineswegs persönliche Hintergründe, es sorgt jedoch dafür, dass Sie bei der Arbeit von allen anderen Personen ernstgenommen werden. Ihre privaten Beziehungen haben an Ihrem Arbeitsplatz nichts zu suchen. Halten Sie deshalb unbedingt einen angemessenen Abstand zu den anderen Menschen ein. Auf diese Weise stellen Sie sicher, dass Sie sich von niemandem abwenden, indem Sie sich zu weit von ihm entfernen. Gleichzeitig wirken Sie professionell und kompetent, weil Sie keinen direkten Körperkontakt mit Ihren Arbeitskollegen suchen.
- **Aufrichtiges Lächeln und lebendige Mimik:** Wenn Sie Ihren Gesichtsausdruck während eines Gesprächs mit Ihrem Vorgesetzten versteinern, dann wirken Sie nicht authentisch. Es scheint so, als würden Sie sich nicht wohl fühlen, Ihr Lächeln und der Ausdruck in Ihren Augen ist dann nicht aufrichtig, sondern zeugt von Nervosität und Unsicherheit. Wenn Sie Ihre Gesprächspartner offen betrachten, mit Ihren Blicken aufmuntern und sich dabei allein auf das Gespräch konzentrieren, dann wirken Sie entspannt und kompetent. Als Führungsperson helfen Ihnen diese Mittel der nonverbalen Kommunikation dabei, Ihren Angestellten näher zu kommen. Diese empfinden Sie nicht als unnahbar, sondern erkennen, dass Sie ihren Ideen und Vorschlägen ihre volle Aufmerksamkeit widmen.

Wenn Sie das Gefühl haben, dass Sie insgesamt noch etwas unerfahren sind und aus diesem Grund Unsicherheit an Ihrem Arbeitsplatz entwickeln, dann können Sie sich wie viele andere vor Ihnen von dem Leitsatz „fake it until you make it“ führen lassen. Immer wieder fällt Ihnen vielleicht selber auf, dass Sie das Verhalten einer anderen Person als selbstverständlich ansehen und diesem Glauben schenken. Es vergehen oft mehrere Monate, ehe Sie dessen Vorgehensweise hinterfragen und dabei feststellen, dass besagte Person gar nicht so kompetent und sicher ist, wie sie zu Anfang scheint. Dasselbe trifft auf Sie selbst ebenso zu. Wenn Sie mit Hilfe überlegter sprachlicher Mittel und einer eindeutigen nonverbalen Kommunikation zeigen, dass Sie selbstsicher sind und ihre Arbeit gut machen, so vergehen womöglich Monate, ehe dieses Verhalten von Ihren Arbeitskollegen hinterfragt wird. Wichtig ist jedoch, dass Sie diesen zeitlichen Vorsprung nutzen, um an Ihren tatsächlichen Fähigkeiten zu arbeiten und Ihr Wissen auszubauen. Denn auf lange Sicht können Sie eine bestimmte Körpersprache und das damit verbundene Bild nur aufrecht erhalten, wenn Sie dieses mit wahren Taten und guten Entscheidungen füllen. Ist dies nicht der Fall, so handelt es sich lediglich um eine leere Blase, die nach einiger Zeit platzt.

Nutzen Sie Ihre Zeit deshalb dafür, täglich neue Dinge dazuzulernen und sich mit den Inhalten an Ihrem Arbeitsplatz bis ins kleinste Detail vertraut zu machen. Denn nur, wenn Sie keine leere Hülle sind, dann wirken Ihre Sprache und Ihre nonverbalen Kommunikationsmittel authentisch und echt.

Kommunikation im familiären Umfeld

Die Kommunikation zwischen einem Kind und seinen Eltern verläuft oft alles andere als reibungslos. Manchmal treten bereits im Kleinkindalter bestimmte Verhaltensmuster auf, die sich später im Leben fortsetzen und es bedarf einiger, sehr tiefgründiger Überlegungen, um diese angemessen zu analysieren und zukünftig zu umgehen. Ähnlich wie bei einer Liebesbeziehung ist auch das Verhältnis zwischen den Eltern und ihren Kindern von Wünschen, Anforderungen und konkreten Vorstellungen geprägt. Die Beziehung unterscheidet sich jedoch in der Hinsicht von einer

Liebesbeziehung, als dass sich Eltern und Kinder am Anfang noch nicht auf einer Ebene befinden. Dies spiegelt sich auch in der Kommunikation wider. Eltern und Kinder stehen in einem hierarchischen Verhältnis zueinander. Die Eltern haben die Verantwortung, das Verhalten und auch die Meinungsbildung ihrer Kinder zu lenken. Diese Last ist mitunter schwer zu tragen. Vor allem dann, wenn die Kinder durch ihr Verhalten eine negative Situation heraufbeschwören, deren Ausgang die Eltern auf Grund ihrer Lebenserfahrung bereits vorhersagen konnten. Dies kann von jüngeren Menschen oft nicht nachvollzogen werden und endet in Trotzreaktionen und Streit. Die Kinder versuchen dann nicht selten, von dem Verhalten und den Glaubenssätzen ihrer Eltern Abstand zu nehmen, um ihren eigenen Weg zu finden.

Folgende Tipps können Ihnen dabei helfen, als Familie besser durch den Alltag zu kommen. Diskussionen und Meinungsverschiedenheiten können zwar nicht ausgeschlossen werden, lassen sich aber sehr viel leichter lenken und eindämmen.

- **Respektvoller Umgang miteinander:** Hiermit ist nicht nur gemeint, dass die Kinder ihren Eltern respektvoll begegnen müssen. Andersherum gilt die Regel ebenso. Als Eltern können Sie Ihren Kindern am besten ein respektvolles Verhalten beibringen, wenn diese Regeln für alle gelten. Auf diese Weise lernen die Kinder, dieses Verhalten zu schätzen, denn sie müssen nicht nur geben, sondern bekommen gleichzeitig etwas zurück.

- **Erklärungen statt starren Regeln:** Verbote und Gebote werden meist von oben auferlegt. Dadurch können sich die Kinder nicht in sie hineinversetzen. Wenn Sie Ihrem Kind jedoch erklären, warum Sie ein gewisses Verhalten nicht in Ihrem Haushalt dulden und welche Vorgaben eingehalten werden müssen, dann kann dieses die Vorgänge durchaus sehr gut nachvollziehen. Selbstverständlich müssen Sie die

Komplexität Ihrer Erklärungen an das Alter und die Lebenserfahrung Ihres Kindes anpassen, damit dieses die Informationen sinnvoll verarbeiten kann.

Grundsätzlich hinterlässt es bei Ihrem Kind eine größere Wirkung, wenn Sie von einem bestimmten Verhalten abraten und daraufhin erklären, dass Sie sich in jüngeren Jahren bereits in einer ähnlichen Situation befunden haben, welche Konsequenzen Ihr Handeln damals mit sich gebracht hat und wie Sie die Situation heute bewerten. Sie geben Ihrem Kind damit die Möglichkeit, einen Einblick in Ihre persönlichen Erfahrungen zu erhaschen. Nichtsdestotrotz kann es durchaus sein, dass Ihr Kind Ihren Ratschlag nicht befolgt, weil es diese Lebenserfahrungen selbst machen muss.

Selbstverständlich gibt es Ausnahmesituationen, in denen die Gefahr des Moments eine klare Ansage Ihrerseits erfordert. Dann kommen Sie um ein Verbot nicht drum herum. Wenn Sie beispielsweise mit einem kleinen Kind unterwegs sind, so muss dieses beim Überqueren der Straße Ihre Hand halten. An dieser Regel führt kein Weg vorbei und es kann durchaus sein, dass Ihr Kind das in diesem Moment überhaupt nicht in Ordnung findet. Sie können sich dann in einer ruhigen Minuten die Zeit nehmen, die Wichtigkeit dieser Regel zu erklären, damit Ihr Kleines beim nächsten Mal angemessener reagieren kann.

- **Prägnante Wörter benutzen und klare Aussagen machen:** Ein Kleinkind kann aus einem langen verschachtelten Satz nicht ohne weiteres die wichtigsten Inhalte heraushören. Aus diesem Grund ist es sehr wichtig, dass Sie Ihre Gedanken klar und deutlich formulieren und dabei auf Ihre Wortwahl achten. Diese können Sie mit ausdrucksstarken Gesten unterstreichen. Achten Sie vor allem darauf, dass sich Ihre Botschaft bei allen Kommunikationsmitteln deckt.

Viele Eltern begehen den Fehler, ihr Kind mit einer Babystimme zu rügen, während Sie gleichzeitig kleine Küsse auf Ihrem Bauch oder Kopf verteilen. Das Kind wird durch die gegensätzlichen Inhalte verbaler und nonverbaler Kommunikationsmittel durcheinander gebracht. Die eigentliche Botschaft der Eltern kann dadurch nicht mehr angemessen aufgefasst werden, die Informationen sind missverständlich und das Kind weiß nicht, wie es sich verhalten soll.

Wenn die Kinder älter werden, dann verändert sich die Kommunikationsbeziehung. Eltern und Kinder stehen nach und nach auf einer Ebene. Sie können nun Konversationen aufbauen, bei denen sie gleichwertige Gedanken und Erfahrungen austauschen. Der Übergang von einer hierarchischen zu einer gleichberechtigten Beziehung verläuft nicht immer glatt. Sie ist von zahlreichen Hindernissen und Stolpersteinen geprägt. Sowohl die Eltern als auch die Kinder müssen sich hierfür von alten Verhaltensmustern lösen und ihre Beziehung ganz neu aushandeln. Wenn beide Seiten sensibel mit diesen Veränderungen umgehen und sich der Bedeutung ihres Umgangs miteinander bewusst sind, dann ist eine erfolgreiche Verwandlung der Kommunikationsbeziehung durchaus möglich.

MANIPULATION

Negative Manipulation

Die Manipulation meint ein bestimmtes Verhalten eines Menschen gegenüber eines anderen. Bei diesem speziellen Vorgehen versucht eine Person, die Reaktion und das Handeln eines anderen gezielt zu beeinflussen. Dies ist grundsätzlich nicht negativ behaftet. Doch im Laufe der Menschheit haben sich Transparenz und Aufrichtigkeit zu Tugenden entwickelt. Die Manipulation steht in einem Gegensatz zu diesem positiv gewerteten Verhalten, denn sie versucht, die Meinung eines anderen mit Hilfe nicht offengelegter Mittel zu beeinflussen. Im Nachhinein kann häufig festgestellt werden, dass die hervorgebrachten Argumente nicht aufrichtig eingebracht wurden, sondern unverlässlichen, sehr subjektiven Quellen entspringen. Manipulation muss grundsätzlich nicht unbedingt etwas schlechtes sein und der Mensch neigt im allgemeinen zur Anwendung bestimmter Mittel, um seinen eigenen Willen durchzusetzen. Wenn dahinter gute Absichten stehen und die manipulierte Person keinen Schaden nimmt, so kann sie ein durchaus legitimes Mittel zum Erreichen der eigenen Ziele darstellen, die gleichzeitig vielleicht sogar einen allgemeinen Nutzen erfüllen.

Die Manipulation wird vor allem durch die Tatsache zu etwas negativem, dass sich die manipulierte Person betrogen fühlt. Sie hat nicht den Eindruck, dass mit fairen Mitteln gespielt wurde und hätte ihre

Entscheidungen bei einer Kenntnis über die Wahrheit sicherlich anders gefällt.

Typische Mittel von Manipulation sind:

- **Die emotionale Erpressung kann dann eingesetzt werden,** wenn es bereits im Voraus ein Vertrauensverhältnis zwischen den beiden Personen gab. Dieses wird in vielen Fällen über Jahre hinweg auf eine natürliche Art und Weise aufgebaut. In besonderen Fällen kann es aber auch sein, dass der Manipulierende absichtlich eine solche Beziehung aufbaut, um aus dieser anschließend einen persönlichen Nutzen zu ziehen. Wenn der Erpresser ein Druckmittel hat, kann er die andere Person emotional an sich oder eine bestimmte Situation binden. Die manipulierende Person versucht, den anderen Menschen in einen Winkel zu drücken, aus welchem dieser keinen Ausweg mehr sieht. Dabei werden durchaus unethische Mittel eingesetzt. Besonders kritisch werden solche Situationen, wenn beide Personen Teil einer Familie sind. Dann kann es passieren, dass sich die unterlegene Person sehr lange unterdrücken lässt, aus Angst, bei einem Ausbruch die gesamte Familienkonstellation zu sprengen. Die Opfer von emotionaler Erpressung müssen durchaus erfahren, wie sich Mitglieder aus der eigenen Familie, darunter auch wichtige Bezugspersonen, gegen sie stellen. Das Ausmaß des Leids hängt von dem Vorgehen der manipulierenden Person ab.
- **Bei Manipulationsvorgängen,** die in einem engen Zusammenhang mit finanziellen Prozessen stehen, gehen manipulierende Personen sehr häufig wie folgt vor: Sie schaffen eine kleine Basis von Vertrauen. Hierzu benötigen sie nicht viel Zeit, oft reichen schon einige Sätze, mit denen sie Mitleid erregen oder eine Situation als besonders schlimm darstellen. Ein Beispiel wäre an dieser Stelle ein Ehepaar, welches von der Anschaffung einer neuen Versicherung überzeugt

werden soll. Mit einigen wenigen Fakten über das Unternehmen, beispielsweise einem bekannten Namen und Erfolgszahlen, wird dem Empfänger suggeriert, dass das Unternehmen vertrauenswürdig und das Unterfangen erfolgversprechend ist. Im Anschluss daran zählt der Verkäufer die zahlreichen Vorteile der Versicherung auf. Er rechnet dem Ehepaar verschiedene Szenarien vor, aus denen sie dank der Versicherung stets als Gewinner hervorgehen. Dabei konzentriert er sich auf die positiven Eigenschaften und erwähnt kaum Nachteile. Durch diese ungleichgewichtige Argumentation überzeugt er die Eheleute schließlich und diese unterzeichnen die Unterlagen. Von den zahlreichen negativen Eigenschaften erfahren sie erst viel später, wenn sie das Kleingedruckte des von ihnen unterzeichneten Vertrags lesen. Sie fühlen sich hinters Licht geführt, geben sich aber die Schuld an ihrem Malheur, denn sie hätten sich eingehender informieren müssen, bevor sie ihre Unterschrift unter einen Vertrag setzen. Aus diesem können sie auch nur noch in Verbindung mit horrenden Kosten wieder aussteigen.

- **Menschen,** die im Alltag insgesamt sehr aufbrausend und dominant sind, versuchen ihre Opfer häufig mit Hilfe von Drohungen zu manipulieren. Dies lässt sich bereits früh feststellen, denn die manipulierte Person fühlt sich bereits während des Gesprächs nicht wohl. Ein Entrinnen ist trotzdem nicht einfach. Die dominante Person lenkt die Konversation von Anfang an sehr auffällig in eine bestimmte, von ihr gewünschte Richtung. Auf Gegenargumente reagiert sie aggressiv. Die Drohungen können sich auf die unterschiedlichsten Themenbereiche beziehen und sind besonders dann sehr wirkungsvoll, wenn zwischen den beiden involvierten Personen eine persönliche Beziehung besteht. Die Drohungen lassen sich nicht immer von den emotionalen Erpressungen unterscheiden, denn der Übergang verläuft fließend.

- **Eine weitere Strategie der Manipulation ist es**, das Opfer in eine Situation zu bringen, in welcher es von der manipulierenden Person abhängt. Dies tritt sehr häufig im persönlichen Umfeld auf, kann jedoch durchaus auch in beruflichen Kreisen eintreten. In den meisten Liebesbeziehungen besteht eine Abhängigkeit zwischen den beiden Liebenden. Diese ist vor allem emotionaler Natur, kann sich jedoch auch auf die finanziellen Bereiche, sowie die Wohnsituation ausweiten. Als Beispiel kann hier ein junges Paar genannt werden, dass sich bei einer Urlaubsreise kennengelernt hat. Eine emotionale Abhängigkeit ist normal, wenn sie in einem ausgeglichenen Maß stattfindet. Hat die eine Person das Gefühl, den Partner mehr zu benötigen als andersherum, so beginnt ein Ungleichgewicht, das durchaus verheerende Folgen haben kann. Das Liebespaar lernt sich im Urlaub kennen. Beide wollen sich auf eine feste Beziehung einlassen, doch das ist auf Grund der räumlichen Distanz nicht einfach. Die eine Person beschließt deshalb, zu der anderen zu ziehen. Sie lässt dabei ihre finanzielle Unabhängigkeit hinter sich, denn von nun an wohnt sie in der Wohnung der anderen Person, ist auf deren soziale Kontakte angewiesen und muss sich erst einmal neu orientieren. Wenn dieser Mensch in dieser ausschlaggebenden Zeit zu sehr an seinem Partner hängt, dann baut er sich womöglich kein eigenes soziales und finanzielles Netz auf. Dadurch entsteht ein Ungleichgewicht. Die andere Person trägt nun eine große Verantwortung, denn das Glück ihres Partners liegt allein in ihren Händen. Gleichzeitig birgt dies auch die Möglichkeit zur Manipulation, die auf Grund der einseitigen Abhängigkeit zu Stande kommt.

Viele Menschen beobachten sich selbst und ihr Leben und gehen dabei davon aus, dass sie ihre Entscheidungen losgelöst von den Meinungen anderer treffen. Bei näherem Hinsehen bemerken sie dann jedoch, dass sie sich durchaus auf andere Menschen beziehen und deren Ratschläge in ihre eigene Meinungsbildung einfließen lassen. In einem normalen Ausmaß ist dies normal und gesund, denn wir können nicht unser Leben lang nur von unseren ganz eigenen Gedanken zehren. Gefährlich wird es jedoch, wenn ein Ungleichgewicht auftritt, nicht sofort erkannt wird und sich dadurch ausbreiten kann, bis ein Mensch seine Entscheidungen nicht mehr frei treffen kann.

Manipulation erkennen und abwenden

Die meisten Menschen, die andere manipulieren, setzen darauf, von ihren Opfern nicht zur Rede gestellt zu werden. Häufig geben sie ihre Taten selbst bei einer direkten Konfrontation nicht zu, unterlassen ihr manipulierendes Verhalten jedoch in Zukunft.

Das Opfer kostet eine Anklage oft sehr viel Überwindung. Es hat schließlich eine hohe Meinung von der anderen Person und mag es selbst nicht wahrhaben, einer Manipulationsstrategie zum Opfer gefallen zu sein. Vielen ist es peinlich, denn sie fühlen sich im Nachhinein naiv und können nicht glauben, dass sie in eine Falle getappt sind. Dennoch gibt es verschiedene Möglichkeiten, Manipulation aufzudecken und sie direkt zu konfrontieren, ohne dabei schwierige Prozesse in Gang setzen zu müssen.

- **Lückenhafte und einseitige Argumentation:** Wenn Sie jemand dazu drängen möchte, eine Versicherung, einen Bausparvertrag oder den Vertrag für eine andere finanzielle Absicherung zu unterzeichnen, dann sollten Sie bereits hellhörig werden, wenn Sie diese Unterstützung nicht gesucht haben. Begeben Sie sich aktiv auf die Suche nach einer solchen Absicherung, so können Sie von einem Fachmann sachlich aufgeklärt werden. Jemand, der Sie manipulieren möchte, wird die Sachlage jedoch zu seinen eigenen Gunsten auslegen. Dabei wird er horrende Gewinne versprechen, die mit sehr einfachen Mitteln erreichbar sein sollen. Die Frist für die Entscheidung wird sehr kurz angesetzt. Es handelt sich beispielsweise um ein einmaliges Angebot, welches nicht über einen längeren Zeitraum hinweg aufrecht gehalten werden kann.

- Oft reicht es bereits aus, wenn Sie bei einzelnen Argumenten nachhaken und dadurch signalisieren, dass Sie die einzelnen Informationen nicht einfach so als absolute Wahrheiten hinnehmen. Sie zeigen Ihrem Gegenüber, dass Sie nichts unterzeichnen werden, ehe Sie sich gründlich informiert haben. Sie möchten nichts voreilig unterzeichnen, für das Sie vor wenigen Augenblicken noch gar kein Kaufbedürfnis hatten. Dieses Verhalten schreckt die meisten Scharlatane bereits ab. Lassen Sie sich nicht beirren, auch wenn Ihnen die manipulierende Person ein schlechtes Gewissen einreden möchte.
- **Respektlosigkeit und Drohungen sind in keinem Fall wünschenswert.** Selbst wenn Sie sich mit Ihrem Lebenspartner in einer erhitzten Diskussion befinden, sollte diese stets mit Respekt ausgetragen werden. Neigt Ihr Gegenüber dazu, stets nach ein und demselben Muster zu verfahren und Sie dabei respektlos zu behandeln, wenn ihm keine schlagenden Argumente mehr einfallen, dann versucht es wahrscheinlich, Sie mit seinem Verhalten zu manipulieren.
- Versuchen Sie, sich mit Hilfe einer ruhigen Körpersprache aus der Situation zu befreien. Es kann durchaus notwendig werden, dass Sie der anderen Person zunächst einmal Recht geben. Beobachten Sie das Verhalten Ihres Gesprächspartners. Plustert er sich weiter auf und versucht, noch mehr an sich zu reißen, sobald Sie ein kleines Stück

nachgeben? Reflektieren Sie in einem ruhigen Moment, in welchem Zusammenhang bei Ihnen Schuldgefühle auftreten. Können Sie diese direkt mit Ihrem Fehlverhalten in Verbindung bringen oder fühlen Sie sich eigentlich gut mit Ihren Entscheidungen und Ihrem Handeln? Sobald Sie sich darüber im Klaren sind und bei Ihren Überlegungen feststellen mussten, dass Sie emotional manipuliert werden, können Sie bei vertrauenswürdigen Mitmenschen in Ihrem Umfeld Ratschläge einholen. Auf der Grundlage Ihrer eigenen Meinung, sowie den Ratschlägen der anderen Personen, können Sie abschließend eine Entscheidung treffen, wie Sie in Zukunft vorgehen wollen. Oft reicht es bereits aus, sich den Anschuldigungen des anderen zu stellen und diesen auf seine unethische Vorgehensweise hinzuweisen.

- **Ist die Person übertrieben charmant?** Viele Menschen neigen dazu, dem anderen Komplimente zu machen, um anschließend den eigenen Willen durchzusetzen und beispielsweise um einen speziellen Gefallen zu bitten. Viele Frauen fühlen sich zum Beispiel emotional dazu verpflichtet, mit einem Mann das Bett zu teilen, wenn dieser nett zu ihnen war. Viele Männer nutzen genau dies aus. Sie säuseln den Frauen besondere Komplimente ins Ohr und hören schlagartig damit auf, sobald sie ihr Ziel erreicht haben.

- Sie können dieses Verhalten aufdecken, indem Sie das allgemeine Vorgehen der Person beobachten, die Sie für einen Manipulator halten. Machen Sie sich von Vorurteilen und dem süßen Geschmack der Komplimente frei und analysieren Sie, wie sich die Person normalerweise verhält und ob ihr momentanes Verhalten davon stark abweicht. Viele Männer und Frauen, die sich durch Manipulation einen bestimmten Nutzen erhoffen, können ihren Charme nicht lange aufrecht erhalten. Ihre Fassade bröckelt, sobald sie ihr Ziel nicht sofort erreichen. Dann werden sie mitunter aggressiv und versuchen, ihre Opfer auffälliger in eine bestimmte Richtung zu lenken. Es reicht deshalb häufig schon, wenn Sie die verdächtige Person einige Augenblicke auf die Folter spannen. Dadurch können Sie bereits herausfinden, ob ihre Absichten aufrichtig sind oder an einem eigennützigen Motiv hängen.

Es ist überaus wichtig, dass Sie sich ein gesundes Selbstbewusstsein antrainieren. Dadurch werden Sie weniger anfällig für oberflächliche Komplimente. Sie können besser erkennen, wann ein Lob der wahren Meinung Ihres Gegenübers entspricht und wann nicht. Außerdem ist Ihre emotionale Stabilität dann nicht mehr abhängig von den Worten und Aufmerksamkeiten anderer, denn Sie ernähren Ihren Seelenfrieden von Ihren eigenen Erfolgen und Ihrem gesunden Selbstvertrauen.

IMPRESSUM:

Rocka Maldini
120, Old Railway Track
SVR 9017,
Santa Venera
Malta

malta.publishing@gmail.com

Coverfoto: Markovka // www.shutterstock.com

Coverdesign: Alexey Designs

Risiko-Hinweis und Haftung

Empfehlungen, Charts und Tabellen für verlässlich, jedoch können wir keine Garantie für Richtigkeit und Aktualität übernehmen. Die Inhalte in diesem Werk sind nach bestem Gewissen verfasst, wir halten unsere Quellen für verlässlich, aber auch hier können wir keine Garantie auf Richtigkeit und Aktualität geben. Die Informationen geben lediglich einen Einblick in die Meinung der Verfasser.

Haftungsausschluss

Die Inhalte wurden mit größtmöglicher Sorgfalt erstellt. Der Autor übernimmt jedoch keine Gewähr für die Richtigkeit und Vollständigkeit der hier befindlichen Informationen sowie bereitgestellten Inhalte.

Urheber- und Kennzeichenrecht

Bei den Inhalten die erstellt wurden, werden die Urheberrechte Dritter beachtet. Insbesondere werden Inhalte und Rechte Dritter als solche gekennzeichnet. Sollte der Nutzer trotzdem auf eine Urheberrechtsverletzung aufmerksam werden, bitten wir um einen entsprechenden Hinweis. Bei Bekanntwerden von Rechtsverletzungen werden wir derartige Inhalte umgehend entfernen.

Printed in Great Britain
by Amazon

46006986R00064